Die schönsten
Gute-Nacht-Geschichten

Sabine Skudlik ★ Kirsten Straßmann

Die schönsten Gute-Nacht-Geschichten

WAS REGT SICH IN DER NACHT? ··· 7

Als der Schneemann aufs Eis ging ··· 8

Der kleine Nachtwächter hat Geburtstag · *G. Ruck-Pauquet* ··· 11

Der Bär und das Gespenst · *I. Uebe* ··· 13

Eine Nacht im Freien ··· 17

Irgend jemand · *M. Rettich* ··· 21

Das Gespenst · *C. Nöstlinger* ··· 23

Aufstand der Verkehrszeichen ··· 26

LEUTE VON HEUTE ··· 29

Der Polizist und das Kind · *G. Ruck-Pauquet* ··· 30

Jens und die »Sieben« ··· 32

Zank und Streit · *M. Rettich* ··· 36

Migi und Janos · *G. Ruck-Pauquet* ··· 38

Achmed und der Teddybär ··· 40

Karoline und der Buchstabe M · *J. Krüss* ··· 44

Weil ich dich so lieb hab ··· 48

VON ENGELN UND HEILIGEN ··· 53

Pauls Schutzengel ··· 54

Die Legende vom Riesen Offerus ··· 57

Ritter Georg und der Drache ··· 61

Sankt Martin und der Bettler ··· 64

Elisabeth und die Rosen ··· 67

Franz spricht mit den Wölfen ··· 70

Engel bei den Hirten.
Eine Weihnachtsgeschichte ··· 72

GESCHICHTEN AUS ALTER ZEIT ··· 77

Die Geschichte vom Butzemann ··· 78

Hinz Rosenholz · *J. Krüss* ··· 84

Nani und das Zauberwort ··· 91

Wie der Regenbogen entstanden ist · *J. Richter* ··· 94

Der Fremdling ··· 99

Das Märchen vom Wanderbären · *T. Michels* ··· 104

Das Pelzkindlein ··· 107

ALLERLEI WUNDERLICHE GESCHICHTEN ··· 111

Der Seerosenausflug ··· 112

Zwei Freunde · P. Rodero ··· 115

Das Zauberklavier ··· 118

Das Paket · M. Rettich ··· 121

Der Wind und das Bäumchen ··· 122

Der kleine Zoowärter versteht die Sprache der Tiere · G. Ruck-Pauquet ··· 127

Als der Bär Geburtstag hatte ··· 130

Der Brief mit dem schwarzen Rand · F. Hofbauer ··· 136

LÖWE, GANS UND MAUS: FABELN ··· 139

Die Gans, die goldene Eier legte ··· 140

Der Schatz im Weinberg ··· 141

Wie die kleine Maus dem Löwen helfen konnte ··· 143

Der Fuchs und der Storch ··· 144

Die Stadtmaus und die Feldmaus ··· 146

Glück für den ehrlichen Holzfäller ··· 148

Als der Mond Kleider haben wollte ··· 150

GESCHICHTEN VOM EINSCHLAFEN ··· 153

Die Schlafräuber ··· 154

»Ich zeige dir die Nacht«, sagte die Elfe ··· 156

Zur blauen Stunde beim Schmetterlingsflieder ··· 163

Wo der Schlafvogel sein Nest hat · H. Baumann ··· 166

Träum schön ··· 168

Der Schlumischubu · M. Mai ··· 171

Wo der Sandmann die Sandkörnchen findet ··· 172

Über dieses Buch ··· 175

Quellennachweis ··· 176

WAS REGT SICH IN DER NACHT?

Liebe Kinder!

Wolltet ihr nicht schon immer wissen, was in der Nacht so alles los ist? Natürlich, die meisten großen und kleinen Menschen schlafen, viele Tiere ebenso, und die Sonne macht Platz für die Dunkelheit. Aber in der Nacht ist trotzdem einiges los!

Der Mond, die Igel, die Nachtwächter sind unterwegs. Und Gespenster. Wirklich? Nun ja, wer weiß, ob es Gespenster überhaupt gibt. In diesem ersten Teil des Gute-Nacht-Geschichtenbuchs gibt es jedenfalls welche. Aber keine Bange – ihr werdet trotz der Gespenster gut schlafen können!

Auch von anderen seltsamen Begebenheiten, die während der Nacht geschehen, bekommt ein schlafender Mensch nur sehr selten etwas mit. Aber vielleicht bemerkt ihr manchmal am Morgen, daß sich irgend etwas verändert hat. Dann wißt ihr: Es gibt einiges, das sich regt in der Nacht!

Als der Schneemann aufs Eis ging

Tom ist vier, und Lucie ist sechs. Die beiden sind Geschwister und gehen zusammen in den Kindergarten, und zwar in die Bärengruppe. Beide malen sie sehr gern. Und weil sie oft ihre Bilder mit nach Hause bringen, um sie ihrer Mama oder ihrem Papa zu schenken, hat Mama über der Eckbank in der Küche zwei Nägel in die Wand geschlagen und Bilderrahmen aufgehängt. Und wenn Tom und Lucie wieder einmal besonders schöne Bilder gemalt haben, hängen die Eltern sie in diesen Rahmen an die Wand. Einmal ist etwas ganz Komisches mit diesen Bildern passiert, und das will ich euch jetzt erzählen.

Es war im Winter. Von Tom war ein Bild im Rahmen, auf dem ein Schneemann mit einer roten Rübennase und einem schwarzen Topfhut zu sehen war. Daneben stand ein Baum mit vom Schnee ganz schweren Ästen, und auf dem Baum saß ein Eichhörnchen. Eichhörnchen sind nämlich Toms Lieblingstiere, und deshalb malt er kein Bild, auf dem nicht mindestens ein Eichhörnchen ist. Lucie hatte zu Weihnachten Schlittschuhe geschenkt bekommen, und deshalb konnte man auf ihrem Bild sie selbst sehen, wie sie auf einem zugefrorenen Weiher Schlittschuh lief. Es tummelten sich zwar noch mehr Kinder auf dem Bild, aber Lucie konnte man ganz deutlich erkennen, schließlich hatte sie ihren knallroten Schneeanzug an und ihre blaue Zipfelmütze auf dem Kopf.

Die Eltern fanden die Bilder so schön, daß sie schon seit zwei Wochen über der Eckbank in der Küche hingen. Eines Nachts schien der helle Mond durchs Küchenfenster und tauchte alles in ein weißes Licht. Und siehe da, um Mitternacht wurden die Gestalten auf den Bildern plötzlich munter. Das Mädchen, das aussah wie Lucie, und die anderen Kinder fuhren mit ihren Schlittschuhen auf dem Weiher umher. Das Eichhörnchen auf Toms Bild hüpfte von Ast zu Ast und schließlich dem Schneemann auf den Kopf, so daß ihm sein Topfhut tief ins Gesicht rutschte. »He da«, rief der Schneemann ärgerlich, »du freches Stück, such dir doch ein anderes Sprungbrett.« Die Kinder vom anderen Bild wurden auf die beiden aufmerksam und hüpften herüber in Toms Bild, tanzten um den Schneemann herum und lachten ihn aus. Übermütig nahm das Lucie-Mädchen ihm den Topfhut vom Kopf und setzte ihm ihre blaue Zipfelmütze auf. Dann stülpte sie sich den schwarzen Topf auf ihre blonden Locken, stolzierte wie eine feine Dame herum und rief: »Nun, mein Herr, wie gefällt Ihnen mein neuester Hut?« Der Schneemann brummte mürrisch, doch die Kinder riefen: »Komm mit auf den Weiher!« Dann hüpften sie alle in Lucies Bild hinüber. Dort rutschten die Kinder mit ihren Schlittschuhen auf dem Eis herum und neckten den armen Schneemann, der mit unbeholfenen Bewegungen auf dem Eis zu gehen versuchte und schließlich

so auf seine Rübennase fiel, daß sie ihm ganz schief im Gesicht saß. »Mir reicht's!« murrte der Schneemann. »Das ist nichts für unsereins.« Und mit einem großen Schritt ging er wieder an seinen alten Platz neben dem Baum im anderen Bild zurück.

Das war auch höchste Zeit, denn die Kirchturmuhr schlug eins, und vorbei war's mit dem bunten Treiben. Alle standen wieder regungslos auf ihren Plätzen in den Bildern. Als am nächsten Morgen die Kinder ihr Müsli löffelten, schrie Tom plötzlich aufgeregt: »He, wer hat da in meinem Bild rumgemalt? Mein Schneemann hat ja plötzlich so 'ne blöde blaue Mütze auf?« Und Lucie rief: »Und wer hat in meinem Bild rumgeschmiert? Mama, schau doch mal, was mein Schlittschuhmädchen für einen bescheuerten Hut aufhat!« Mama war in Eile, wie immer am Morgen, und sie sagte nur: »Was habt ihr denn, Kinder, die Bilder sehen doch aus wie immer! Kommt, eßt fertig, wir müssen gleich los.« Aber Tom und Lucie schimpften weiter und beschuldigten sich gegenseitig, heimlich im Bild des andern herumgemalt zu haben. Gerade wollten sie anfangen, sich heftig zu zanken, da verkündete Mama kurz entschlossen: »Abmarsch!«, drückte den beiden ihre Brotzeittaschen in die Hand und brachte sie in den Kindergarten.

An diesem Tag blieben die Kinder zum Mittagessen im Kindergarten, und abends waren sie bei ihrer Oma zum Spaghettiessen eingeladen. So kam es, daß sie den Streit über ihre Bilder ganz vergaßen. Als in der folgenden Nacht der Mond wieder hell durchs Fenster schien, huschte das Schlittschuh-Mädchen schnell hinüber zum Schneemann, setzte ihm seinen Topfhut wieder auf den Kopf, rückte die Rübennase zurecht und flüsterte: »Entschuldigung, lieber Schneemann!« Dann zog es sich seine blaue Pudelmütze auf und hüpfte zurück an seinen Platz im Schlittschuh-Bild.

Tom und Lucie waren am nächsten Morgen sehr verwundert darüber, daß mit den Bildern alles wieder seine Richtigkeit hatte. Mama sagte nur: »Sag ich doch, die sehen aus wie immer! Aber wie wär's, wenn ihr mal wieder zwei neue, schöne Bilder malen würdet, die wir an die Wand hängen können? Dann stecken wir die beiden hier zu euren anderen Meisterwerken in die Sammelmappe.«

Der kleine Nachtwächter hat Geburtstag

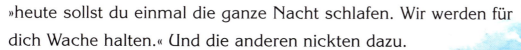

Als der kleine Nachtwächter Geburtstag hatte, dachten die Leute sich etwas Besonderes aus. »Kleiner Nachtwächter«, sagte die Blumenfrau, »heute sollst du einmal die ganze Nacht schlafen. Wir werden für dich Wache halten.« Und die anderen nickten dazu.

Da freute sich der kleine Nachtwächter, und er legte sich in sein Bett. Aber schlafen konnte er leider trotzdem nicht, denn er war ja gewohnt, des Nachts umherzugehen.

Die Leute zündeten Lichter an und verteilten sich im Dorf. Das Luftballonmädchen schaute nach, ob alle Fenster geschlossen waren, der Drehorgelmann leuchtete in den Brunnen, der Dichter ging den Hügel hinauf, die Blumenfrau lief durch den Garten, und der Bauer spazierte die Wiesen entlang. »Es ist alles in Ordnung«, riefen sie sich gegenseitig zu.

Doch weil sie so viel Lärm machten, wachten die Tiere auf und steckten die Köpfe zum Stallfenster hinaus. »Die Tiere können nicht schlafen«, sagte die Blumenfrau. »Wir müssen es dem Bauern sagen.«

Doch der Bauer war nicht da. Und so sehr sie ihn auch suchten, sie fanden ihn nicht.

»Die Tiere können nicht schlafen, und der Bauer ist fort«, seufzte der Drehorgelmann. »Was sollen wir bloß tun?«

»Seht nur!« schrie da plötzlich das Luftballonmädchen, und sie zeigte auf das Spiegelbild des Mondes im Wasser. »Der Mond ist in den Dorfteich gefallen!«

»Oh, große Not!« rief der Dichter. »Wir müssen ihn retten!« Und er lief und holte ein Netz.

Aber so sehr sich die Leute auch bemühten, den Mond aus dem Dorfteich zu fischen, es wollte ihnen nicht gelingen. Da wußten sie keinen anderen Rat, als den kleinen Nachtwächter zu wecken. »Kleiner Nachtwächter«, sagten sie aufgeregt, »der Bauer ist fort, die Tiere wollen nicht schlafen, und der Mond ist in den Dorfteich gefallen.«

»Oh«, sagte der kleine Nachtwächter, und er lächelte ein wenig. Er zog seine Stiefel an, nahm die Laterne und ging hinaus. Zuerst fand er den Bauern. Er lag in einem Heuhaufen und schnarchte. Dann streichelte er die Tiere und wünschte ihnen eine gute Nacht. Und als die Tiere sahen, daß der kleine Nachtwächter wieder da war, legten sie sich hin und schliefen augenblicklich ein. »Aber der Mond?« fragten die Leute. »Was wird mit dem Mond?« »Der Mond nimmt ein Bad«, sagte der kleine Nachtwächter. »Um den Mond braucht ihr euch nicht zu sorgen. Er weiß seine Wege.« Und er schickte die Leute ins Bett.

Dann machte er seine Runde wie alle Tage. Nur, daß er heute ganz besonders glücklich war. Und ein bißchen stolz war er auch.

GINA RUCK-PAUQUET

Der Bär und das Gespenst

Es war einmal ein kleiner Bär, der hatte große Angst vor Gespenstern. Er spielte jeden Tag mit seinen Geschwistern draußen im Wald. Doch wenn der Abend kam, machte er sich immer vor allen anderen auf den Heimweg. Er wollte unbedingt zu Hause sein, ehe es dunkel wurde. Er wollte auf keinen Fall einem Gespenst begegnen.

Seine Geschwister riefen: »Angsthase! Angsthase!« und lachten hinter ihm her. Aber der kleine Bär kümmerte sich nicht darum. Er wollte lieber ein Angsthase sein, als einem Gespenst begegnen. Seine Geschwister riefen auch: »Warte auf uns! Sonst verläufst du dich noch.«

Aber darum kümmerte sich der kleine Bär genausowenig. Er hatte bisher noch immer allein nach Hause gefunden.

Doch eines Tages, als sie besonders weit draußen gespielt hatten, verlief er sich tatsächlich. Ohne es zu merken, geriet er in einen Teil des Waldes, in dem er noch niemals gewesen war. Die Bäume waren ihm fremd, die Büsche und Hecken, ja, sogar das Moos unter seinen Füßen.

Der kleine Bär lief und lief und geriet immer tiefer in den Wald hinein. Ab und zu blieb er stehen und blickte besorgt zum Himmel hinauf. Die Sonne war schon längst untergegangen, und unter den Zweigen der Tannen krochen lange Schatten hervor. Bald würde es stockfinster sein.

Der kleine Bär rief nach seinen Geschwistern, aber es kam keine Antwort. Verzweifelt setzte er sich auf einen Baumstumpf und weinte. Er hielt sich mit beiden Pfoten die Augen zu, weil er nicht sehen wollte, wie es um ihn herum immer dunkler wurde.

Da tippte ihm mit einemmal eine leichte Hand auf die Schulter, und ein dünnes Stimmchen fragte: »Warum weinst du denn so, kleiner Bär?«

Der kleine Bär nahm die Pfoten herunter und drehte sich um. Hinter ihm stand ein Gespenst. Es war ungefähr so groß wie er und trug ein weißes Flattergewand.

»Ich habe mich verlaufen«, sagte der kleine Bär, »und ich fürchte mich vor der Nacht.«

»Warum denn?« fragte das Gespenst. »Die Nacht ist doch viel lustiger als der Tag. Das finde ich jedenfalls.«

»Wer bist du?« fragte der kleine Bär hoffnungsvoll. »Bist du vielleicht eine Elfe?«

Das Gespenst lachte, und es klang ziemlich hohl. »Nein, keine Elfe!« sagte es. »Ich bin ein Gespenst.«

Der kleine Bär bekam unter seinem dicken Pelz eine Gänsehaut. Seine Augen wurden vor Schreck kugelrund.

»Warum guckst du so komisch?« fragte das Gespenst.

»Ich habe Angst vor Gespenstern«, antwortete der kleine Bär.

Wieder lachte das Gespenst, und wieder klang es ziemlich hohl.

»Vor mir mußt du keine Angst haben«, sagte es. »Schau mich doch an! Sehe ich etwa nicht nett aus? Ich kann dir sagen, von meiner Sorte gibt es weit schlimmere als mich.«

»Tust du mir nichts?« fragte der kleine Bär.

»Ich werde mich hüten«, antwortete das Gespenst. »Ich bin froh, wenn du mir nichts tust. Du bist ja viel stärker als ich. Wenn du wolltest, könntest du mich bestimmt in der Luft zerreißen.«

Der kleine Bär betrachtete nachdenklich seine Pfoten.

»Ja, du hast stattliche Pranken«, sagte das Gespenst. »Und scharfe Zähne hast du sicherlich auch. Kein vernünftiges Gespenst würde mit einem Bären, wie du einer bist, Streit anfangen. Hast du das nicht gewußt?«

»Nein«, sagte der kleine Bär. »Jedenfalls habe ich noch nicht darüber nachgedacht. Aber ich bin froh, daß du es sagst.«
Er stand auf, legte die Ohren an und reckte seine Vorderpfoten zum Himmel. Dann riß er sein Maul auf, und seine Zähne blitzten im Mondlicht. »Uaah!« brüllte er laut.

»Huh!« sagte das Gespenst. »Du bist wirklich ein besonders starker Bär. Man könnte sich direkt vor dir fürchten.«

Der kleine Bär nahm seine Pfoten herunter, stellte die Ohren auf und klappte sein Maul zu. Dann schüttelte er sich, bis sein Pelz weich und locker um ihn herumstand. »Du mußt dich nicht vor mir fürchten«, sagte er. »Wir können Freunde sein, wenn du willst.«

»Ja gern«, antwortete das Gespenst und schien ganz erleichtert. »Übrigens weiß ich, wo du wohnst, und kann dich nach Hause bringen.«

»Fein!« sagte der kleine Bär. »Ich bin wirklich froh, daß ich dich getroffen habe.«

Da nahm das Gespenst ihn mit seinen klapperdürren Fingern an der Pfote und brachte ihn heim.

INGRID UEBE

Eine Nacht im Freien

Im hintersten Winkel des Gartens ist das Reich von Tina und Markus. Da gibt es ein paar Kletterbäume und Büsche, einige Haufen vertrocknetes Laub und außerdem eine Vielzahl von Stöcken und Ästen, die Tina und Markus von jedem Spaziergang mit heimbringen und hier sammeln.

Neulich haben sich die beiden Kinder in ihrem Winkel ein richtig tolles Indianerzelt gebaut. Sie haben dicke Stöcke um einen Baumstamm herum angeordnet und kunstvoll mit Stricken verbunden, damit sie nicht auseinanderfallen konnten. Dann haben sie ein paar alte Decken über das Stockgerüst gelegt, und fertig war der Wigwam. Tina und Markus waren mächtig stolz, und auch Papa meinte, daß ihnen das Zelt wirklich gut gelungen sei.

»Bitte, Mama, bitte, Papa«, bettelten Tina und Markus am Freitag abend, »dürfen wir in unserem Indianerzelt schlafen?« Mama und Papa hatten nichts dagegen. Es war ja Sommer, und die Nächte waren sehr warm.

Begeistert schleppten die Kinder Matten und Schlafsäcke ins Zelt. Dann packte Markus noch allerlei in seinen Rucksack. »Wozu brauchst du denn einen Rucksack?« fragte Mama verwundert. »Du fährst doch nicht weg, Markus.« Aber der Junge hatte es ganz wichtig und ließ sich nicht beirren. Im Rucksack waren drei Bücher, falls es ihm langweilig werden würde; das Ritterschwert aus der Faschingskiste, zum Schutz gegen Räuber und Piraten; eine Taschenlampe, denn im Zelt gab es ja kein Licht; und schließlich sein Teddybär zum Kuscheln.

Gleich nach dem Abendessen gingen die Kinder Zähne putzen, zogen sich ihre Schlafanzüge an und verschwanden im Garten. Mama ließ die Terrassentür offen. »Falls ihr es euch anders überlegt«, meinte sie.

Eigentlich hatten die Kinder ja noch viel vor. Aber dann begann Tina zu gähnen und war – mir nichts, dir nichts – eingeschlafen. Da holte Markus seine Taschenlampe hervor und sah sich ein Buch an. »Na gut«, dachte er schließlich, »dann schlafe ich eben auch.« Er kuschelte sich mit seinem Teddybären in den Schlafsack.

Er lauschte auf Tinas gleichmäßige Atemzüge. Aber dann hörte er noch etwas anderes – ein lautes, aufgeregtes Schnüffeln. Markus war vor Schreck wie gelähmt. Er rüttelte Tina. »Wach auf!« flüsterte er. »Da ist jemand!« Er mußte ganz schön lange rütteln, bis er Tina endlich wach bekam. »Was'n los?« fragte sie schlaftrunken. »Pst, sei leise«, wisperte Markus, »hörst du denn nicht, da draußen ist doch jemand.« Tina hielt den Atem an. Und da hörte sie es auch ganz deutlich. Etwas schnüffelte an ihrem Zelt. Tina packte kurz entschlossen die Taschenlampe. »Ich seh mal nach«, sagte sie. Oh, wie bewunderte Markus seine große Schwester in diesem Moment. Sie traute sich doch tatsächlich, da hinauszugehen! Markus sah durch die Decke den Lichtkegel der Taschenlampe. Nach kurzer Zeit krabbelte Tina ins Zelt zurück und meinte: »Da ist nichts. Wir haben uns das bloß eingebildet.«

Aber sie konnten trotzdem nicht mehr einschlafen. Und dann hörten sie beide wieder dieses Schnüffeln. Markus faßte nach Tinas Hand. »Tina«, wisperte er, »wenn du vorhin nichts gesehen hast, dann muß es ein Gespenst sein. Gespenster sind doch unsichtbar im Licht.« »Du spinnst ja«, sagte Tina.

»Wer glaubt denn an Gespenster!« Aber so ganz überzeugt und mutig hörte sich ihre Stimme nicht mehr an. Schließlich hielt es Markus nicht mehr aus. »Ich geh ins Haus«, sagte er. »Bitte, Tina komm mit.« Und beide rannten sie zur Terrassentür, ohne sich noch einmal umzublicken.

Papa und Mama saßen noch im Wohnzimmer, als die beiden hereinstürmten und von dem Gespenst berichteten. »Für die Geisterstunde ist es aber noch zu früh«, meinte Papa lachend, »es ist ja erst halb elf. Kommt, wir sehen mal nach.« Und zu dritt gingen sie zu ihrem Wigwam zurück. Papa machte es sich so bequem wie möglich, und die beiden Kinder kuschelten sich eng an ihn. »Und jetzt ganz

leise sein«, mahnte Papa, »sonst traut sich euer Gespenst nicht mehr in unsere Nähe.«

Sie mußten ziemlich lange warten. Aber dann hörten sie das Schnüffeln wieder. Markus machte aufgeregte Zeichen, und Papa legte die Finger an die Lippen. Dann ging er hinaus. Nach einer Weile hörten sie ihn. »Kommt mal raus, ihr beiden«, flüsterte er leise. »Und bringt die Taschenlampe mit.« Zögernd krabbelten die Kinder aus dem Zelt. Papa machte »Pst!« und zeigte auf den Boden. Da konnten sie im schwachen Mondlicht erkennen, wie sich unter dem Laub etwas bewegte, und sie hörten auch ganz deutlich das Schnüffeln. Und plötzlich knipste Papa die Taschenlampe an, und sie konnten gerade noch einen Igel unter einem Laubhaufen verschwinden sehen. Papa schob mit einem Stock die vertrockneten Blätter ein wenig zur Seite, und da lag der Igel – völlig regungslos und zusammengerollt zu einer runden, stacheligen Kugel.

»Oh, schau mal!« riefen die Kinder. »Ihr seid eben nicht die einzigen Bewohner hier im Urwald!« lachte Papa. »Aber jetzt lassen wir den kleinen Stachelpelz mal in Ruhe. Der hat vor euch noch viel mehr Angst als ihr vor eurem Gespenst. Und nun marsch, in die Betten!«

Tina ging zurück ins Zelt. Markus aber holte seinen Teddybären und sagte: »Ich geh lieber ins Haus. Ich glaube, da kann ich doch besser schlafen.«

Irgend jemand

Wenn es abends dunkel wird, guckt Stine in den Schrank. Und hinter den Vorhang. Und unter das Bett.

»Warum machst du das?« fragt Karli. »Weil da vielleicht irgend jemand ist«, sagt Stine.

»Na wennschon« sagt Karli. »Wenn da irgend jemand ist, was ist dann?«

»Dann habe ich Angst«, sagt Stine.

»Vor wem?« fragt Karli.

»Vor irgend jemand«, sagt Stine.

»Auch vor mir?« fragt Karli.

Da lacht Stine ihn aus.

Am Abend guckt Stine in den Schrank. Dort hockt Karli und macht: »HUH!« Stine rennt aus dem Haus. Sie ruft: »Hilfe, Hilfe!«

Dann kommt sie zurück. Sie guckt hinter den Vorhang. Dort steht Karli und macht: »HUH!« Stine rennt die Straße hinunter. Sie ruft: »Hilfe, Hilfe!«

Dann kommt sie zurück. Sie guckt unter das Bett. Dort liegt Karli und macht: »HUH!« Stine rennt durch die halbe Stadt. Sie ruft: »Hilfe, Hilfe!«

Dann kommt sie zurück. Sie geht in die Küche. Dort sitzt Karli und lacht Stine aus.

Wenn es abends dunkel wird, guckt Stine nicht mehr in den Schrank und hinter den Vorhang und unter das Bett.

Sie guckt in alle Schubfächer. Und in den Mülleimer. Und in die Einkaufstasche. »Warum machst du das?« fragt Karli.

»Weil da vielleicht irgend jemand ist«, sagt Stine.

»Niemand paßt in Schubfächer, in den Mülleimer oder in die Einkaufstasche«, sagt Karli.

»Darum habe ich auch keine Angst mehr«, sagt Stine.

MARGRET RETTICH

Das Gespenst

Es war einmal ein kleiner Michi, der wollte unbedingt eine Pistole haben. Aber er bekam keine! »Nur böse Kinder schießen!« sagte seine Mama. »Pistolen sind zum Totschießen und kein Spielzeug!« sagte sein Papa. Und die Oma sagte: »Waffen sind für den Krieg. Und Krieg ist pfui!«

Einmal spielte Michi im Hof. Mit seinem Stofftiger. Da kam die Hausmeisterin und ging zu den Mülltonnen. »Solche Dreckerten«, sagte sie zum Michi. »Können ihren Dreck nicht einmal in die Tonnen reinstopfen!« Weil dem Michi ohnehin langweilig war, half er der Hausmeisterin beim Dreckwegputzen. Er hielt die Schaufel, und die Hausmeisterin kehrte Mist drauf. Wenn die Schaufel voll war, leerte sie der Michi in eine Mülltonne. Fast der ganze verstreute Abfall war schon weggeputzt, da rief die Hausmeisterin:

»Schau, was da ist!« Sie bückte sich und hob eine Pistole auf. Eine wunderschöne! Hinten aus braunem Holz, vorne aus schwarzem Metall. Nagelneu schaute die Pistole aus.

»Jetzt hast du eine Belohnung fürs Helfen«, sagte die Hausmeisterin.

»Ich darf keine Pistole haben«, sagte der Michi. »Weil nur böse Kinder schießen und Waffen kein Spielzeug sind, sondern für den Krieg und der Krieg pfui ist!«

»Na ja«, sagte die Hausmeisterin.

»Dabei würd' ich dringend eine brauchen«, sagte der Michi. »Jede Nacht kommt nämlich ein Gespenst zu mir. Das tanzt um mein Bett herum und läßt sich nicht vertreiben. Es hat nur vor Pistolen Angst!«

»Das werden wir gleich haben«, sagte die Hausmeisterin. »Komm rein zu mir! Und nimm deinen Stofftiger mit!« Der Michi ging mit der Hausmeisterin in die Hausmeisterwohnung. Die Hausmeisterin nahm den Stofftiger, trennte ihm die Bauchnaht auf, holte eine Menge Schaumstoffflocken aus dem Tigerbauch und steckte die Pistole in das Bauchloch. Dann nähte sie die Bauchnaht wieder zu.

Seither schläft der Michi immer mit dem Stofftiger im Arm. Und wenn das Gespenst in der Nacht ins Zimmer kommt und den Michi aufweckt, dann hält der Michi dem Gespenst den Stofftiger hin. Kreischend rennt das Gespenst dann davon. Gestern ist das Gespenst sogar vor lauter Schreck zum Fenster hinausgesprungen. Hinterher hat der Michi ein schreckliches Stöhnen gehört. Wahrscheinlich hat sich das Gespenst ein Bein gebrochen und muß jetzt einen Beingips bekommen. Da wird es sicher ein paar Wochen lang daheim bleiben müssen. Vielleicht hat es nach den sechs Wochen dann vergessen, daß es einen kleinen Michi gibt.

CHRISTINE NÖSTLINGER

Aufstand
der Verkehrszeichen

Kennt ihr schon ein paar Verkehrszeichen? Wie sieht denn das Zeichen aus, das vor dem Zebrastreifen steht? Da überquert ein Mann mit Hut gerade die Straße. Oder das Schild für Gehweg: Da gehen eine Frau und ein kleines Mädchen Hand in Hand nebeneinanderher. Oder die Fußgängerampel: Da ist ein rotes Männchen, das kerzengerade dasteht, und ein grünes Männchen, das es anscheinend sehr eilig hat. Die Bilder auf den Verkehrszeichen sind immer dieselben, aber es gibt eine Stadt, da sehen die Verkehrszeichen ganz anders aus. Und das kam so:

Eines Nachts, da schien der Mond ganz hell durchs Fenster in eine Lagerhalle, in der neue Verkehrszeichen aufbewahrt und alte repariert wurden. Und plötzlich wurde es lebendig auf den Schildern. Das kleine Mädchen riß sich von der Hand seiner Mama los und lief zu dem Mann auf dem Zebrastreifen. Das grüne Männchen von der Ampel hatte es nicht mehr so eilig und setzte sich gemütlich auf eine Holzbank. Das rote Männchen schnappte sich ein Fahrrad von einem Radweg-Schild und radelte los. Und der Mann auf dem Motorrad öffnete schließlich ein Fenster der Lagerhalle einen Spaltbreit und fuhr hinaus.

Jetzt gab es kein Halten mehr. Alle Männer, ob mit oder ohne Hut, alle Frauen und die Kinder von den Schildern liefen kreuz und quer durch die nächtliche Stadt und riefen auch noch ihre Kolleginnen und Kollegen von den Schildern, die schon an den Straßen standen, zusammen.

Dann gab es eine große Beratung. Die Mamas wollten nicht immer nur Röcke anziehen, sondern auch mal Hosen. Die Zebrastreifen-Männer wollten gerne mit ihren Kindern an der Hand spazierengehen.

Einige kleine Mädchen ließen sich die Haare abschneiden und zogen Latzhosen an und setzten sich auf die Fahrräder, die überall ohne Fahrer herumfuhren. Da beschwerten sich die Motorradfahrer, daß die Radler doch auch Helme aufsetzen sollten.

Seitdem sieht in dieser Stadt kein Verkehrsschild wie das andere aus. Auf einem Zebrastreifen-Schild marschieren zwei Kinder vor einer Frau in Hosen her. Auf einem Gehweg-Schild führt ein Mann ohne Hut ein kleines Mädchen an der Hand. An einer Fußgängerampel hat das rote Männchen eine Mütze auf, das grüne Männchen an einer anderen ist kein Männchen, sondern ein Mädchen.

Den Leuten in dieser Stadt ist das Durcheinander noch gar nicht aufgefallen. Sie bemühen sich, die Verkehrsregeln zu beachten. Und das ist ja schließlich das Wichtigste, oder?

LEUTE VON HEUTE

Liebe Kinder!

In diesem Kapitel sind Geschichten über große und kleine Leute gesammelt, die Tag für Tag durchs Leben und Nacht für Nacht ins Bett gehen, die nichts Großartiges, aber doch immer wieder etwas Besonderes erleben.

Also, liebe Kinder, hier sind die Geschichten über ganz normale Leute: zum Beispiel über Jens, den Neuen in der Klasse; über Migi und Janos, die sich gegenseitig fabelhaft beschimpfen können; über Karoline und ihren Bruder Michel, denen ein gewaltiges Mißgeschick passiert; und über Karlchen, der sich mit seiner Mama auch nach einem noch so großen Krach immer wieder gut versteht.

Liebe Kinder, wahrscheinlich erlebt ihr immer mal wieder ganz ähnliche Dinge. Das ist doch nichts Besonderes, meint ihr? Aber ihr seid etwas Besonderes, einmalig und unverwechselbar! Und deshalb sind es auch eure großen und kleinen Erlebnisse!

Der Polizist und das Kind

Am frühen Abend ist der Verkehr am stärksten. Dann wollen alle Leute nach Hause. Der Polizist steht an der großen Kreuzung. Er läßt die Autos rechts und links an sich vorüberfahren, paßt auf die Fußgänger auf und sieht zu, daß auch der alte Meckel mit seinem Pferd und dem Bierwagen durchkommt. Einmal, an einem Tag, an dem ganz besonders viel Trubel herrschte, sah der Polizist plötzlich mitten im Gewühl ein Kind. Das Kind trug rote Hosen, hatte strubbeliges Haar und weinte.

Da hielt der Polizist alle Autos, Motorräder und Fahrräder an und nahm das Kind zu sich auf die Verkehrsinsel.

»Bist du ganz allein?« fragte er.

»Ja«, sagte das Kind, und die Tränen stürzten ihm aus den Augen.

»Bleib erst einmal bei mir«, sagte der Polizist, »nachher sehen wir weiter. Wie heißt du denn?« fragte er dann, während er mit der linken Hand die Autos vorbeiwinkte.

»Ich . . . « schluchzte das Kind. »Ich . . . «

»Na ja«, sagte der Polizist, »ist ja nicht so schlimm. Ich werde dich Peter nennen. Du kannst jetzt aufhören zu weinen. Ich bin ja bei dir. Halt dich einfach an meiner Jacke fest.« Und das tat der Peter in den roten Hosen dann auch. Langsam ließ der Verkehr ein bißchen nach.

»Na«, fragte der Polizist, »wie gefällt es dir denn bei mir?«

»Gut«, sagte das Kind und zog die Nase hoch.

»Ich habe einen schönen Beruf«, sagte der Polizist. »Was willst du denn später werden?« »Krankenschwester«, sagte das Kind.

»Aber Peter!« sagte der Polizist. »Ein Junge kann doch nicht Krankenschwester werden. Wie wäre es denn mit Lokomotivführer, Professor oder Elektriker?«

»Aber ich . . . « sagte das Kind.

»Oder Radrennfahrer«, schlug der Polizist vor. Das Kind sah ihn schweigend an.

In demselben Augenblick kam eine Frau gelaufen. Sie war sehr aufgeregt. »Inga!« rief sie. »Da bist du ja, mein kleines Mädchen!«

Und sie nahm das Kind auf den Arm und bedankte sich bei dem Polizisten.

Der Polizist stand ganz verdattert da. »Auf Wiedersehen«, stotterte er, »auf Wiedersehen, Peter – äh, Inga.«

»Auf Wiedersehen!« rief das Kind. »Wenn ich groß bin, werde ich Polizist! Ganz bestimmt!«

Der Polizist dachte nach. Warum auch nicht, dachte er. Warum denn eigentlich nicht?

GINA RUCK-PAUQUET

Jens und die »Sieben«

Die »Sieben« aus der dritten Klasse treffen sich, wann immer sie Zeit haben, draußen beim Bolzplatz zum Fußballspielen. Die »Sieben«, das sind Peter, Ingo, Fritzchen, Stefan, Moritz, David und Lisa. Ja richtig, Lisa. Manche Jungen bilden sich ja ein, daß Mädchen keine Ahnung von Fußball hätten. Aber Lisa versteht nicht nur was von Fußball, sondern sie spielt auch richtig gut. Außerdem kann sie auf Bäume klettern und läßt Fritzchen die Mathe-Hausaufgaben abschreiben, wenn er sie wieder einmal nicht verstanden hat. Lisa ist also das einzige Mädchen bei den »Sieben«. Und die spielen ziemlich oft draußen auf dem Bolzplatz Fußball.

Letzten Mittwoch spielten sie wieder, drei gegen vier. Bei einem Elfmeter legte Stefan sich den Ball zurecht und schoß – meilenweit über das Tor hinaus, so weit, daß der Ball mitten in dem dichten Gebüsch neben dem Bolzplatz landete.

»Jetzt hol ihn aber auch!« riefen die anderen, und Stefan machte sich auf die Suche. Die Kinder warteten und warteten, aber Stefan kam nicht zurück. Da ging Peter los. Auch er blieb verschwunden. »Wo bleibt ihr denn?« riefen Ingo und David und schlugen sich ins Gebüsch. Sie erschienen nicht wieder. Fritzchen, Moritz und Lisa sahen sich ratlos an.

»Ja, sagt mal, wo können die denn alle stecken?« wunderte sich Lisa. »Vielleicht ist ein Loch da hinten, in das sie alle hineingefallen sind«, mutmaßte Moritz. »Oder ein Monster hat sie gefangen genommen«, schrie Fritzchen aufgeregt. »So ein Quatsch!« sagte Lisa. »Los, kommt, wir sehen mal nach!« Und sie lief voraus. »Aber wir bleiben zusammen!« rief Fritzchen noch.

Zu dritt machten sie sich auf die Suche. Als sie sich so durch die Sträucher und Büsche arbeiteten, hörten sie plötzlich ein unterdrücktes Kichern. Sie bogen die Zweige auseinander, und da saßen quietschvergnügt die vier verloren geglaubten

Jungen. Und jeder hatte einen Lolly im Mund. Sie waren zu fünft – Jens war noch dabei.

»Was machst du denn hier?« fuhr Lisa ihn ziemlich unwirsch an. Jens war der Neue in der Klasse. Er saß in der Schule zwischen Stefan und Ingo, und beide hatten behauptet, Jens sei ganz schön doof. »Jens hat hier 'ne super Höhle«, krähte Stefan vergnügt. »Und er hat 'ne Runde Lollys ausgegeben«, fügte Ingo hinzu. »Ich will auch einen!« schrie Fritzchen. »Kriegst du!« sagte Jens und zog drei Stück aus seiner Tüte.

Die Kinder sahen sich um. Es war wirklich eine gemütliche kleine Höhle, mitten im dichten Gebüsch. Wenn man die Zweige ein wenig auseinanderbog, konnte man gut den Bolzplatz beobachten. »Und warum versteckst du dich hier?« wollte Lisa wissen. »Ooch«, machte Jens ein wenig verlegen. »Ich seh euch beim Fußballspielen zu. Du spielst gar nicht schlecht – für ein Mädchen«, fügte er rasch hinzu.

Da wurde Lisa schon freundlicher. »Kannst du denn nicht Fußball spielen?« fragte sie. »Klar kann ich«, behauptete Jens. »Warum spielst du dann nicht mit?« fragte Lisa. »Ihr habt mich ja nicht gefragt«, gab Jens zurück. »Ach, der Herr braucht eine Extraeinladung!« spottete Peter. »Kommt schon«, rief David, »spielen wir noch ein bißchen. Es ist schon fünf vorbei.«

»Also, kommst du jetzt mit?« fragte Moritz an Jens gewandt.

»Gern!« rief der und lief voraus. Und siehe da, er spielte gar nicht schlecht. Er spielte sogar richtig gut, das mußte sogar Peter zugeben, und der war der beste.

»Es ist sowieso besser, wenn man vier gegen vier spielt«, sagte David auf dem Nachhauseweg zu Jens. »Kannst morgen wieder mitspielen, wenn du Lust hast!«

Zank und Streit

Karli und Stine haben sich gezankt. Sie reden kein Wort miteinander, nie mehr. Zum Glück haben sie den kleinen Hund, mit dem reden sie. Karli ist im Garten. Stine ist im Haus. Der kleine Hund rennt zwischen ihnen hin und her.

Stine sagt: »Kleiner Hund, sag Karli, daß ich ihn überhaupt nicht leiden kann!«

Der kleine Hund läuft hinaus zu Karli und macht: »WUFF!«

Karli sagt: »Aha, ich habe verstanden. Sag Stine, sie ist Luft für mich.«

Der kleine Hund läuft hinein zu Stine und macht: »WUFF!«

Stine sagt: »So ist das also. Dann bestell Karli, er ist ein ganz, ganz frecher Kerl.«

Der kleine Hund läuft hinaus zu Karli und macht: »WUFF! WUFF! WUFF!«

Karli sagt: »So was Unverschämtes. Richte Stine aus, sie ist eine ganz, ganz dumme Ziege.«

Der kleine Hund läuft hinein zu Stine und macht: »WUFF! WUFF! WUFF!«

Nun ist Stine eigentlich wieder dran. Aber Stine hat das Mittagessen fertig. Darum sagt sie nur: »Kleiner Hund, hol Karli!«

Der kleine Hund läuft hinaus. Er zieht Karli am Hosenbein ins Haus.

Stine kocht gut, selbst wenn sie wütend ist.

Karli schmeckt es, obwohl er wütend ist.

Karli sagt: »Kleiner Hund, frag Stine, ob ich noch mehr von der guten Suppe haben kann.«

Der kleine Hund läuft um den Tisch zu Stine und macht: »WUFF!« Stine sagt: »Der ganze Topf ist voll. Sag Karli, er kann sechs Teller auslöffeln.«

Der kleine Hund läuft um den Tisch zu Karli und macht: »WUFF!«

Karli sagt: »Und was gibt es hinterher?«

Stine sagt: »Himbeerpudding.«

Der kleine Hund springt um Karli und Stine herum und macht: »WUFF! WUFF! WUFF!«

MARGRET RETTICH

Migi und Janos

Der Migi und der Janos sitzen auf dem Rand des neuen Brunnens. Sie schauen den Leuten zu, die vorübergehen, und baumeln mit den Beinen. »Und wo warst du gestern?« fragt der Janos.

»Auf dem Mond«, sagt der Migi.

»Affe«, sagt der Janos, »dämlicher.«

Der Migi grinst. »Wichtel«, sagt er. Der Janos ist nämlich klein für sein Alter.

»Reinrassiger Naturtrottel«, sagt der Janos. »Zu groß geratener Gartenzwerg«, sagt der Migi.

»Bäh!« sagt der Janos und streckt die Zunge raus.

»Hast wohl Gehirnbronchitis«, sagt der Migi.

»Und dich hat der tollwütige Regenwurm gebissen«, sagt der Janos.

»Blödmann!« sagt der Migi.

Ein Mann bleibt stehen und schaut sie über seine Brille hinweg an. Migi und Janos warten, bis er weitergeht.

»Bist wohl als Kleinkind gegen 'nen Baum gerannt?« sagt der Migi.

»Und du hast Hühneraugen auf den Gehirnzellen«, sagt der Janos.

»Vom Specht behämmert!« sagt der Migi.

»In den Verstand geregnet«, sagt der Janos.

»Du Schnauze mit Beinen!« sagt der Migi.

»Du Arsch mit Ohren!« sagt der Janos.

Jetzt ist eine Frau stehengeblieben. »Könnt ihr euch denn nicht vertragen?« sagt sie. »Ich beobachte euch schon die ganze Zeit. Es wäre viel schöner, wenn ihr Freunde wäret.«

»Wir sind doch Freunde«, sagt der Migi.
Der Janos bricht einen Kaugummi durch und gibt dem Migi die Hälfte ab.

»Stinkwanze!« sagt er.

»Ohrfeigengesicht!« sagt der Migi.

Und dann kauen sie.

GINA RUCK-PAUQUET

Achmed und der Teddybär

Es war einmal ein Müllmann. Er hieß Achmed und war vor vielen Jahren aus der Türkei nach Deutschland gekommen, denn hier gab es Arbeit für ihn. Früh am Morgen, wenn die meisten Leute noch schliefen, fuhr Achmed mit seinen Kollegen durch die Stadt, stemmte die vollen Abfalltonnen hinten aufs Müllauto und drückte auf einen Knopf. Dann wurde die Tonne hochgefahren und ihr Inhalt in den Bauch des Müllautos gekippt.

Einmal lag ein Teddybär oben auf dem Deckel einer vollen Mülltonne. Er sah ganz neu aus. »Das muß ein Versehen sein«, dachte Achmed und setzte den Teddybär auf den Gartenzaun. Als er in der nächsten Woche an demselben Grundstück wieder die Mülltonne holte, schaute der Kopf des Teddybären unter dem Deckel hervor. »Na so was«, dachte Achmed, »was die Leute alles wegwerfen.« Und er nahm den Teddybär und legte ihn zu seinen Sachen ins Auto.

Am Abend, zu Hause in seiner kleinen Wohnung, untersuchte er den Teddy genauer. Er sah wirklich fast neu aus. An einer Stelle war eine Naht ein bißchen aufgeplatzt, und ein Bein war schmutzig. »Wegen einer solchen Kleinigkeit wird der Bär in den Müll gesteckt«, wunderte sich Achmed.

Dann holte er Nadel und Faden und reparierte die schadhafte Naht. Anschließend bereitete er für den Teddy in seinem Waschbecken ein warmes Bad mit vielen Seifenblasen. Die Nacht über legte er ihn zum Trocknen auf ein Handtuch neben die Heizung.

Am nächsten Morgen war der Teddybär trocken, roch ganz frisch nach Seife und sah sehr kuschelig aus. »Wem könnte ich jetzt eine Freude damit machen?« überlegte Achmed. Er selbst hatte keine Kinder, und seine Nichten und Neffen lebten alle weit weg in der Türkei.

Also fragte er seine Kollegen. Der eine hatte zwar Kinder, aber die waren schon groß, und der andere sagte: »Ach, jedes meiner Kinder hat schon zwei Teddybären.«

Da behielt Achmed den Teddy erst einmal bei sich. Eines Tages las er in der Zeitung eine Anzeige: »Flüchtlingsheim sucht warme Winterkleidung und Spielsachen!« Achmed kannte das Heim. Es war ein ziemlich häßliches Haus am Rande der Stadt. Hier lebten Menschen aus allen Teilen der Erde. Sie waren aus ihren Heimatländern geflohen, weil dort Krieg herrschte oder weil böse Menschen ihnen Schlimmes angedroht hatten.

Achmed wußte, wie einsam man sich fühlt, wenn man in ein fremdes Land kommt. Aber er war ja freiwillig hierher gereist und hatte einen großen Koffer in der Hand und schöne Erinnerungen an seine Heimat im Kopf gehabt. Flüchtlinge aber müssen meistens all ihre Sachen zurücklassen und ihre Heimat schnell und oft auch heimlich verlassen.

Kurz entschlossen radelte er an seinem Feierabend zum Flüchtlingsheim. Ein freundlicher Herr saß an der Pforte und fragte: »Was wünschen Sie?«

»Ich möchte einen Teddybären abgeben, für ein Kind, das selbst kein Spielzeug hat«, sagte Achmed.

»Das ist sehr freundlich von Ihnen«, antwortete der Pförtner.

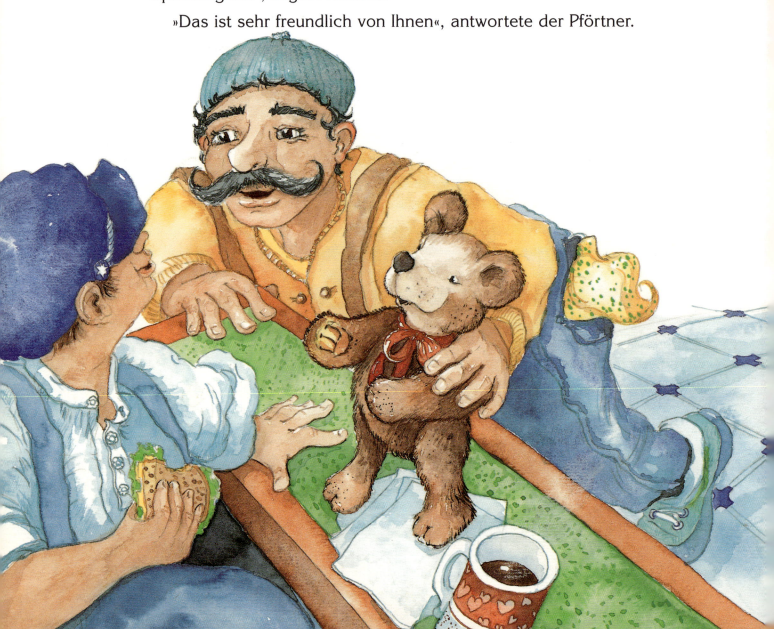

In diesem Moment kam eine Afrikanerin durch den Eingang. Ihre Haut war ganz dunkel, und ihre schwarzen Haare standen in kleinen Zöpfchen von ihrem Kopf ab. Sie hatte ein kleines Kind an der Hand, das Achmed neugierig ansah. Da beugte sich Achmed zu dem Kind herunter. Wie seine Mutter hatte es eine dunkle Haut und schwarze Haare, und aus dem hübschen Gesicht blickten zwei glänzende schwarze Augen.

»Möchtest du den Bären?« fragte Achmed und hielt dem Kind den Teddy hin.

»Es kann Sie nicht verstehen«, mischte sich der Pförtner ein.

Doch das Kind nahm den Bären, drückte ihn fest an seine Wange, lächelte mit seinen schwarzen Augen, sagte aber kein Wort.

»Wir verstehen uns schon«, sagte Achmed zum Pförtner, wünschte ihm noch einen guten Abend und radelte zufrieden nach Hause.

Karoline und der Buchstabe M

Der Michel ist schrecklich naschhaft. Ich glaube, er ist noch naschhafter als Karoline. Heute dürfen die zwei Kinder im Keller spielen.

»Du, Karoline, möchtest du Sirup?« fragt Michel.

»O ja, gern«, sagt Karoline.

»Aber der ist oben auf dem Regal. Wir müssen den Bügeltisch darunter schieben. Hilfst du mir?«

»Dürfen wir denn das?« fragt Karoline. »Aber das ist doch unser eigener Sirup, Karoline!«

»Ach so«, sagt das Mädchen, und dann schieben sie den Bügeltisch unter das Regal. Der Michel klettert auf den Tisch, aber er reicht nicht ganz hinauf bis zum Siruptopf. »Wir müssen den Stuhl noch auf den Tisch stellen«, sagt er. Zu zweit versuchen sie, den Stuhl auf den Tisch zu heben.

Aber plötzlich kann Karoline den Stuhl nicht mehr halten. Er kippt und fällt auf das Regal mit den leeren Einmachgläsern und Flaschen. Zwei Milchflaschen purzeln in das Faß mit den eingelegten Gurken, das Essigwasser schwappt über und platscht auf den Marmorkuchen, der am Boden steht. Als der Michel den Stuhl im Fallen halten will, tritt er aus Versehen in den Topf mit Pflaumenmarmelade. Aber der Stuhl fällt trotzdem weiter und zertrümmert ein Glas mit eingemachten Mirabellen.

Das ist eine Bescherung!

Karoline weint vor lauter Schreck, genaugenommen heult sie sogar. Der Michel ist blaß wie die Wand.

Plötzlich hören sie Schritte auf der Treppe, und da ist auch schon der Vater im Keller. »Was ist denn das?« fragt er.

»Ich glaube, hier... hier wa... waren Einbrecher«, stottert Michel. Der Vater sieht Karoline streng an. »Ist das wahr, Karoline?«

Das Mädchen schluckt und schielt zu Michel hinüber.

»Ja«, sagt Karoline, »die Räuber wollten den Tisch auf den Stuhl stellen und Sirup naschen!«

»Du meinst wohl, sie wollten den Stuhl auf den Tisch stellen?«

Karoline nickt und schluckt.

Der Vater schaut das Kellerfenster an und sagt: »Das Fenster ist von innen verschlossen. Also muß der Räuber noch im Keller sein. Fängt der Räuber vielleicht mit M an, Karoline?«

Karoline schluckt immer noch. »Ich weiß nicht, was M ist«, sagt sie.

»Paß auf, dann will ich es dir erklären!« Der Vater packt den umgekippten Stuhl, stellt ihn neben den blassen Michel, setzt sich, nimmt Karoline auf den Schoß und sagt »M, Karoline, ist ein Buchstabe. Die naschhafte Miezekatze fängt mit M an. M... M.... Miezekatze, hörst du?«

Karoline nickt, und Michel wird noch blasser. »Die Marmelade, die der Michel am Schuh hat, die fängt auch mit M an, Karoline! M... M... Marmelade, hörst du?«

Karoline schielt wieder zum Michel hinüber. Michel will weggehen, aber der Vater sagt:

»Hör dir das ruhig mit an, Michel. Vielleicht kannst du uns helfen. Schau mal, da liegt ein Glas in Scherben. Du weißt doch sicher, was darin war?«

»Mirabellen«, sagt der Michel leise. »Mirabellen fangen auch mit M an, Karoline«, sagt der Vater. »Hör mal: M... M ... Mirabellen! Es war sehr böse von dem Räuber, das Glas kaputtzumachen. Unsere Mami hat die Mirabellen nämlich mit viel Liebe und Mühe eingekocht. Mami fängt auch mit M an: M ... M... Mami!«

Karoline schluckt zweimal. Michel steht ganz steif da. Wie ein Denkmal. Der Vater blickt zu Boden und sieht den Marmorkuchen. Er ist durchnäßt, und obendrauf liegt Gurkenkraut. »Was ist denn das?« fragt Herr Meisel. »Entschuldige, Papi«, sagt der Michel, »wir konnten den Stuhl nicht mehr halten, und da ist er auf die Milchflaschen gefallen, und die Milchflaschen sind in das Gurkenfaß gefallen, und das Gurkenfaß ist übergeschwappt, und ...«

Der Vater unterbricht den Michel. Er sagt:

»Aber Michel, das wart ihr doch nicht! Das war doch der böse Räuber. Nicht wahr, Karoline?«

Karoline schielt abermals zum Michel hinüber und nickt.

»Wie heißt der Kuchen mit dem Gurkenkraut eigentlich?« fragt der Vater.

»Das ist ein Marmorkuchen!« ruft Karoline. »Stimmt, Karoline! Und Marmorkuchen fängt auch mit M an, M... M... Marmorkuchen! Die kaputten Flaschen da unten fangen ebenfalls mit M an! Was sind das wohl für Flaschen, Karoline?«

»M... M... Milchflaschen«, antwortet das Mädchen.

»Fein, Karoline!« ruft der Vater. »Jetzt hast du schon gemerkt, was ein M ist. Weißt du jetzt auch, wie der Räuber heißt, der mit M anfängt?«

Karoline schaut den Michel an und nickt ein ganz, ganz kleines bißchen. Man kann es kaum sehen. Michel reibt sich die Augen. Wahrscheinlich jucken sie ihn.

Da kommt jemand die Kellertreppe herunter. Es ist die Mutter. Sie guckt sich die Bescherung an und ruft: »Lieber Himmel, was habt ihr denn angestellt?«

»Wir haben den Buchstaben M gelernt«, sagt der Vater.

«Was soll das heißen?« fragt Frau Meisel verdutzt.

»Wir haben alles aufgezählt, was mit M anfängt!« kräht Karoline.

»Ja«, sagt der Vater. »Hier fängt nämlich viel mit M an: Die M... M... Marmelade, die kaputten M... M... Milchflaschen, der M... M... Marmorkuchen mit dem Gurkenkraut, die M... M... Mirabellen, alles fängt mit M an. Und der Räuber, der das alles angerichtet hat, fängt auch mit M an!«

»Ach so«, sagt die Mutter. Sie gibt dem Michel einen Klaps und ruft: »Hol Kehrblech und Handfeger, und dann feg die Scherben zusammen, du Räuber!«

Da seufzt der Michel und ruft: »Ja, Mami! Gern, Mami! Sofort, Mami!« Und er rennt die Treppe hinauf.

Karoline aber fragt leise: »Weißt du, wie der Räuber heißt, Mami?«

»Hm«, sagt die Mutter, »wenn er mit M anfängt, dann heißt er sicher M... M... Maximilian. Hab' ich recht?«

»Ja«, ruft Karoline begeistert. »Maximilian, so heißt der Räuber!« Dann umarmt sie ihre Mutter und flüstert ihr ins Ohr: »Du bist lieb!«

»Ich fang' ja auch mit M an«, flüstert die Mutter zurück.

Dann lachen alle beide.

Und der Vater lacht auch.

JAMES KRÜSS

Weil ich dich so lieb hab

Karlchen kommt von der Schule heim. Er feuert seinen Schulranzen in die Ecke, wirft die Jacke auf den Boden und rennt in die Küche. »Hallo Mama!« ruft er und schnappt sich eine Banane.

»Moment mal«, ruft Mama, »in zwei Minuten ist das Essen fertig, da mußt du jetzt keine Banane mehr essen. Und überhaupt, zieh dir erst mal deine schmutzigen Schuhe aus!« Aber Karlchen ist schon davongewischt und in seinem Zimmer verschwunden.

Als Mama ihn wenig später zum Essen ruft, sieht sie den Schulranzen in der Ecke und die Jacke auf dem Boden liegen, und Karlchen hat immer noch seine Straßenschuhe an.

»Jetzt reicht's aber!« ruft Mama. »Wie oft hab ich dir gesagt, du sollst deine Sachen nicht überall herumliegen lassen. Räum sie jetzt bitte ganz schnell weg!«

»Mäh, mäh«, macht Karlchen, »bitte schön, gnädige Frau!«

Er setzt sich zu Tisch und rümpft die Nase. »Sag bloß, es gibt heute Spinat. Igitt, Spinat! Warum soll ich immer dieses Grünzeug essen?«

»Damit du ein gesunder und kluger Junge wirst«, sagt Mama mit gefährlicher Ruhe.

Ab jetzt herrscht eisiges Schweigen. Karlchen stochert lustlos in seinem Essen herum. Dann spießt er eine Kartoffel auf die Gabel und läßt sie von hoch oben auf den Teller plumpsen. Mitten hinein in den Spinat, der mit einem Platsch nach allen Seiten spritzt. Aufs Tischtuch, auf Karlchens gelben Pulli, an die Gläser und sogar bis hinüber zu Mama. Die hat jetzt einen dunkelgrünen Fleck auf ihrem weißen T-Shirt.

»So, mein Junge«, sagt Mama mit heiserer Stimme, »das war's fürs erste. Du gehst jetzt in dein Zimmer und machst deine Hausaufgaben. Und bis drei Uhr möchte ich dich nicht mehr sehen.«

»Ich hab aber für zwei was mit Jakob ausgemacht«, mault Karlchen.

»Karl«, sagt Mama, »verschwinde!« Wenn sie »Karl« sagt, ist es ernst. Und ihre Augen blitzen so wütend, daß Karlchen ganz rasch in sein Zimmer geht.

Mit den Hausaufgaben ist er schon um ein Uhr fertig. Er stellt den Kassettenrekorder an, aber ganz leise. Um zwei Uhr hört er es klingeln. Durchs Fenster sieht er Jakob unten stehen. Mama macht ihm auf und sagt etwas zu ihm. Da trollt sich Jakob wieder, den Fußball unter dem Arm.

Die Zeit vergeht quälend langsam, und Karlchen hat viel Zeit zum Nachdenken. »Vielleicht hätte ich das mit der Kartoffel lieber nicht machen sollen«, denkt er.

Punkt drei Uhr klopft es. Karlchen macht die Zimmertür auf. Mama steht davor. Sie hält ein Tablett in den Händen. »Mäh, mäh«, macht sie, »bitte schön der Herr! Hier ist der bestellte Kakao und etwas Grünfutter!«

Da muß Karlchen grinsen. Auf einem Teller liegen Apfelstückchen und ein paar Kekse. Er stopft alles in sich hinein, denn er hat einen Bärenhunger.

»Nur keine Eile«, sagt Mama. »Jakob erwartet dich um halb vier auf dem Fußballplatz.«

»Danke, Mama«, ruft Karlchen und saust davon.

Als er um halb sechs nach Hause kommt, hängt er seine Jacke an den Haken, stellt seine Schuhe dorthin, wo sie hingehören, zieht seine Hausschuhe an und schleicht zu Mama in die Küche.

»Da«, sagt er und hält ihr einen Strauß aus Gänseblümchen und Vergißmeinnicht hin.

»Oh«, macht Mama, »die bringst du wohl der gnädigen Frau, weil sie immer so nett zu dir ist?«

»Nee, Mama«, sagt Karlchen, »weil ich dich so lieb hab.«

VON ENGELN UND HEILIGEN

Liebe Eltern!

Ihr Kind erlebt an jedem Tag aufregende, verstörende, beängstigende oder auch ermutigende Dinge. Deshalb tut es Ihrem Kind gut, wenn es abends mit Ihnen gemeinsam Revue passieren läßt, was an diesem Tag besonders schön und was nicht so erfreulich war.

Wenn so eine abendliche »Bestandsaufnahme« in ein Gute-Nacht-Gebet mündet, erfährt Ihr Kind, daß es nicht nur bei seinen Eltern geborgen ist, sondern auch beim Vater (oder der Mutter) im Himmel. Die Vorstellung, daß es einen Schutzengel hat, der es gewissermaßen auf Händen trägt, ist für jedes Kind ungeheuer tröstlich.

Die Geschichten in diesem Kapitel erzählen von Menschen, die sich vorbehaltlos auf Gott eingelassen haben und in diesem Vertrauen fähig waren, Dinge zu tun, die das menschliche Maß überschreiten.

Pauls Schutzengel

Pauls Papa joggt. Jeden Tag. Neuerdings joggt er nicht mehr morgens um sechs, sondern abends um sechs, wenn er von der Arbeit nach Hause kommt. Seitdem joggt Paul auch. Sie joggen zusammen ein Viertelstündchen, dann essen sie zu Hause zu Abend. Danach stellen sie sich alle beide unter die Dusche, und anschließend geht Paul gleich ins Bett. Denn Paul ist sieben Jahre alt, und wenn er am nächsten Tag in die Schule muß, muß er abends auch früh schlafen gehen.

Freitagabend und Samstagabend lassen sich die beiden mehr Zeit. Denn am nächsten Tag können sie ja ausschlafen.

Dann joggen sie auf einem Spazierweg, der um einen Weiher herumführt. Auf dem Weg liegt ein Wäldchen, an dessen Rand eine kleine Kapelle steht. Die ist während der Woche verschlossen, nicht aber samstags und sonntags. Dann gehen Paul und sein Papa oft hinein und sehen sich die Bilder und Figuren an.

Die Kapelle ist schon viele hundert Jahre alt, und ihre Decke ist mit wunderschönen Bildern bemalt. Ganz vorne steht ein reichverzierter Altar mit einem Bild von der Mutter Maria und ihrem Kind. Dieses Bild wird von vielen geschnitzten Engelsfiguren festgehalten. Wenn sonst keine Leute in der Kapelle sind, die man stören könnte, gehen Paul und sein Papa nach vorne und besehen sich die Engel ganz genau.

Paul hat auch einen Lieblingsengel. Der schaut nicht so fromm auf das Bild mit der Mutter Maria und ihrem Kind, sondern er schaut sich die Leute an, die in die Kapelle kommen. Und er grinst ein bißchen, findet Paul.

»Du, Papa, ist mein Schutzengel hier in der Kapelle?« will Paul wissen. »Natürlich, Paul, er ist immer da, wo du bist.«

»Ist es vielleicht der da, der so anders schaut als die anderen?« fragt Paul und deutet auf seinen geschnitzten Lieblingsengel.

»Wenn dir der da am besten gefällt, dann sieht dein Schutzengel vielleicht genau so aus«, meint Papa. »Aber er ist immer bei dir, auch wenn wir nicht hier in der Kapelle sind. Neulich zum Beispiel, als du mit deinem Rad zu schnell um die Kurve gesaust bist. Es hätte ja genau in dem Moment ein Auto kommen können! Zum Glück ist nichts passiert.«

»Ja, Gott sei Dank«, sagt Paul und überlegt weiter: »Und kürzlich im Freibad, das kleine Mädchen, das ins tiefe Becken hineingefallen ist, das hatte auch einen Schutzengel, nicht wahr, Papa?«

»Bestimmt«, sagt Papa, »und zum Glück war da der aufmerksame Bademeister, der das Mädchen wieder rausgefischt hat.«

»Du, Papa, vielleicht hat der Schutzengel von dem Mädchen den Bademeister hinterhergeschubst«, meint Paul.

»Nun ja«, sagt Papa, »so genau weiß ich das, ehrlich gesagt, auch nicht. Komm Paul, laß uns heimlaufen, sonst wird es zu spät.«

Sie haben sich noch lange unterhalten an diesem Abend, denn es war ja Samstag, und am nächsten Tag durften sie ausschlafen. Als Paul sich endlich in seine Kissen gekuschelt hat, war er richtig müde. »Mir geht's ganz schön gut«, hat er sich gedacht, »ich hab einen lieben Papa, und dann hab ich auch noch einen Schutzengel. Was kann mir da schon passieren.«

Die Legende vom Riesen Offerus

In einem fernen Land lebte einmal ein Riese, der hieß Offerus. Er war dreimal so groß wie ein ausgewachsener Mann und hatte solche Kräfte, daß er es mit sieben Bären hätte aufnehmen können. Offerus hätte nun alle Menschen in Furcht und Schrecken versetzen können, jedoch war er gutmütig und wollte lieber in Frieden mit den Menschen zusammenleben. Aber er dachte sich: »Ich will nicht irgend jemandem dienen, sondern nur dem mächtigsten Herrn!« Und er ging zum König und trat in dessen Dienst ein.

Eines Tages, als ein Erzähler an den Hof kam und zur Unterhaltung eine richtig wilde Geschichte zum besten gab, da bemerkte Offerus, daß sich der König hastig bekreuzigte, sobald der Erzähler vom Teufel sprach.

»Was machst du da?« fragte Offerus, und der König mußte zugeben, daß er Angst hatte vor dem Teufel. »Wenn du, großer König, Angst hast vor dem Teufel, dann muß der noch mächtiger sein als du!« sagte Offerus. Und er zog los, um den Teufel zu suchen.

Er fand ihn als einen schwarzen Gesellen, der durchs Land zog, allerhand Unheil stiftete und Zwietracht säte. Offerus schloß sich ihm für eine Weile an, weil er dachte, der Teufel sei der mächtigste Herr auf der Welt. Aber eines Tages stand auf einer Landstraße ein Wegkreuz, und der Teufel machte einen großen Umweg darum. »Warum gehst du nicht einfach auf der Straße weiter?« fragte Offerus. Und da mußte der Teufel zugeben, daß das Kreuz ein Zeichen für Christus sei, und den fürchte selbst er. »Also will ich Christus suchen und in seinen Dienst treten«, sagte Offerus.

Auf seiner Suche traf er einen Einsiedler, den er nach Christus fragte. Dieser antwortete ihm: »Du hast deine übermenschliche Kraft von Gott geschenkt bekommen. Wenn du sie zum Wohle anderer Menschen einsetzt, wirst du Christus finden.« Und er zeigte Offerus einen reißenden Fluß, über den kein Steg und keine Brücke führte. »Hier ist eine Aufgabe, die nur du erfüllen kannst«, sagte der Einsiedler. »Hilf den Reisenden, heil ans andere Ufer zu kommen.«

Und so tat Offerus. Er baute sich eine kleine Hütte am Rand des Flusses. Wer immer über den Fluß wollte – Offerus trug ihn geduldig hinüber und wieder herüber, Menschen, Tiere, ja sogar ganze Wagen. Er trug alles auf seinen starken Schultern, während der Fluß ihm um die Beine rauschte. Mit sicheren Schritten ging der Riese von einem Ufer zum anderen, nur auf einen Stock gestützt, der so groß war wie ein Baumstamm.

In einer stürmischen Nacht hatte sich der Riese bereits in seiner Hütte zur Ruhe gelegt, als er ein dünnes Stimmchen durch den brausenden Wind hörte: »Offerus, bring mich hinüber!« Offerus stand auf und ging hinaus. Aber er konnte niemanden sehen. Gerade als er sich wieder hingelegt hatte, hörte er erneut die Stimme: »Offerus, bring mich hinüber!«

Erneut sah der Riese nach, konnte aber wieder keinen Menschen erblicken. Als die Stimme zum dritten Mal rief: »Offerus, bring mich hinüber!«, da wurde er langsam ungeduldig. Aber als er vor seine Hütte trat, sah er ein kleines Kind ganz allein in der Nacht stehen.

Offerus hob das Kind auf seine Schultern, nahm seinen Stock und ging in den Fluß. Als er die Mitte des Flusses erreichte, wurde die Strömung mit einemmal so stark, daß sie ihm beinahe die Füße wegriß. Das Wasser stand so hoch wie noch nie. Es reichte ihm schon bis zur Brust. Und die Last auf seinen Schultern wurde schwer und immer schwerer. »Es ist doch nur ein Kind!« dachte Offerus. Er kämpfte sich voran und erreichte mit großer Mühe das andere Ufer. Dort setzte er das Kind ab und sagte keuchend: »Ich dachte, ich hätte die ganze Welt auf meinen Schultern getragen.«

»Du hast mehr als die ganze Welt getragen«, erwiderte das Kind. »Du hast den getragen, der die Welt erschaffen hat. Ich bin Christus, den du suchst.« Und dann sagte ihm das Kind noch, er solle wieder zurück zu seiner Hütte gehen und seinen Stock in die Erde stecken. So tat es Offerus.

Als er am nächsten Morgen aus seiner Hütte trat, hatte der Stock Blätter und Früchte bekommen und war ein Palmbaum geworden. Da wußte Offerus, daß er nicht geträumt hatte. Er wurde sehr froh und glücklich, denn er spürte, daß er nun wirklich den mächtigsten Herrn der Welt gefunden hatte und ihm dienen durfte. Von diesem Tag an nannte der Riese sich Christofferus, das heißt Christusträger.

Ritter Georg und der Drache

Es war einmal vor langer Zeit, da gab es eine große Stadt, in der lebten Menschen, die alle Freude verloren hatten. Denn in einer Höhle oben in den Bergen hauste ein schrecklicher Drache, und der verlangte von den Bewohnern der Stadt, sie sollten ihm täglich zwei Schafe zum Fressen vor das Stadttor bringen, sonst würde er in die Stadt eindringen und sich holen, was er wollte. Als aber nach einiger Zeit die Schafe weniger wurden, verlangte das Ungeheuer, man solle ihm täglich ein Schaf und einen Menschen bringen. Da war der Jammer groß in dieser Stadt, aber was sollten die Leute tun? Keiner wagte es, gegen den Drachen zu kämpfen, und was passieren würde, wenn sie seine Forderung einmal nicht erfüllen würden – darauf wollten sie es lieber nicht ankommen lassen. Also wurde gelost, und auf wen das Los fiel, der mußte mit einem Schaf hinaus vors Stadttor und wurde von dem Drachen geholt. In dieser Stadt lachte niemand mehr, die Menschen schlichen bedrückt umher. Bald kannte jeder eine Familie, die ein Mitglied an den schrecklichen Drachen verloren hatte. Alle hatten Angst.

Eines Tages fiel das Los auf die einzige Tochter des Königs. Der König wollte natürlich nicht zulassen, daß sein Kind dem Drachen geopfert wurde. Daher wollte er sofort das Gesetz ändern, damit seine eigene Familie vom Losen ausgenommen wäre. Aber sein tapferes Töchterlein widersprach ihm. Das Mädchen wollte keine anderen Rechte als die einfachen Leute.

Und da saß sie nun vor dem Stadttor, zitternd und weinend, und wartete darauf, von dem Ungeheuer geholt zu werden. Da kam ein Ritter auf seinem Pferd des Weges geritten. Er wußte nicht, welches Unheil über der Stadt lag und fragte das Mädchen, warum es denn weine. Da erzählte ihm die Königstochter alles und riet ihm, er solle sich in Sicherheit bringen, denn der Drache komme wohl bald. Aber der Ritter sagte: »Ich habe keine Angst. Ich werde gegen den Drachen kämpfen, und ich weiß, Gott wird mir helfen.«

Schon hörten sie das Schnauben – und heran fegte der Drache. Der Ritter stellte sich schützend vor die Königstochter und blickte den Drachen furchtlos an. Da ging das Ungeheuer auf ihn los, und es entbrannte ein erbitterter Kampf. Der Drache fauchte und spie Feuer aus seinem Maul. Er holte mit seinen riesigen Tatzen, an denen lange Krallen waren, zu kräftigen Schlägen aus. Er schlug mit seinem mächtigen Schwanz um sich. Aber der Ritter war geschickt und wich den Angriffen aus. Als er dem Drachen jedoch sein Schwert in die Seite stoßen wollte, zerbrach es an der undurchdringlichen Panzerhaut des Ungeheuers. Nun hatte der Ritter nur noch seine Lanze als Waffe. Und da blieb ihm nur ein einziger Ausweg. Er ging von vorne auf das feuerspeiende Ungeheuer los, und als es sein riesiges Maul weit aufsperrte, stieß ihm der Ritter seine Lanze tief in den Schlund. Da fiel der Drache um und blieb tot liegen.

Jubelnd kamen die Leute aus der Stadt gestürzt. Durch die Luken in der Stadtmauer hatten sie den Kampf beobachtet. Sie hoben den Ritter auf ihre Schultern und trugen ihn in einem grandiosen Triumphzug zum König. Der wollte den furchtlosen Kämpfer reich belohnen. »Wie heißt du, mutiger Ritter?« fragte der König. »Und was kann ich dir schenken zum Dank dafür, daß du unsere Stadt von ihrem großen Schrecken befreit hast?«

»Ich heiße Georg«, antwortete der Ritter. »Du brauchst mir nichts zu geben. Dankt Gott dafür, daß er mir die Gewißheit, den Mut und die Kraft gab, den Drachen zu besiegen. Nur im Vertrauen auf Gottes Hilfe konnte es mir gelingen.«

Sankt Martin und der Bettler

In einer Stadt im Westen lebte einst ein Ritter, sein Name war Martin. In einer stürmischen Winternacht kam er sehr spät in die Stadt zurück, und Ritter Martin trieb sein Pferd zur Eile an. Doch plötzlich blieb das Tier stehen und wieherte. Mitten auf der Straße lag jemand. Martin stieg ab. Er war vorsichtig, wußte er doch, daß auch manchmal Räuber zu dieser List griffen, um dann plötzlich aufzuspringen und den mitleidigen Menschen zu überwältigen.

Aber das hier war kein Räuber, sondern ein Bettler, der nur noch Fetzen am Leibe trug. Der Mann war ganz steif gefroren und fast leblos. Da nahm der Ritter kurz entschlossen sein Schwert und hieb damit seinen Umhang mitten durch. Der Umhang war aus warmem Stoff und so weit, daß er gut für zwei erwachsene Männer reichte. Martin gab dem Bettler seinen halben Umhang und ritt weiter. Aber der Gedanke an den armen Mann ließ ihn nicht los.

Nach kurzer Zeit ließ er sein Pferd wenden. Der Bettler hatte sich inzwischen in den halben Umhang gehüllt, saß aber immer noch frierend auf dem Boden. »Komm«, sagte Martin, »ich nehme dich mit.« Und er ließ den Mann hinter sich aufs Pferd steigen und nahm ihn mit in die Stadt. In seinem Haus angekommen, gab er ihm etwas Warmes zu trinken und zu essen und bereitete ihm ein Lager für die Nacht.

Am nächsten Morgen aber mußte Martin die Stadt verlassen und für einige Tage verreisen. Er verabschiedete sich von dem Bettler, der ihm mit Tränen in den Augen dankte. »Ihr habt mir das Leben gerettet, guter Ritter«, sagte er.

Als Martin nach einer Woche wieder zu seinem Haus zurückkam, wartete der Mann vor der Tür auf ihn. Aber er war kaum wiederzuerkennen.

»Stellt Euch vor, Ritter Martin«, rief der Mann schon von weitem. »Euer Umhang gab mir nicht nur Wärme, er hat mir auch die Türen und Herzen der Menschen geöffnet.

Als ich beim Schuster vorbeikam, sah mich dieser an und sagte: »Ritter Martin hat dir seinen Umhang geschenkt. Komm, du kannst von mir ein Paar feste Stiefel haben.«

Als ich beim Schneider vorbeiging, rief mich dieser zu sich herein und gab mir eine neue Hose und ein Hemd.

Seine Nachbarin, die alte Witwe, erlaubte mir, in ihrem Haus ein warmes Bad zu nehmen. Dann schnitt sie mir die Haare, und endlich sah ich wieder aus wie ein richtiger Mensch.

Und als ich so zum Bauern ging, da gab er mir sofort Arbeit auf seinem Hof und eine Kammer, in der ich jetzt wohnen darf. Noch vor zehn Tagen, als ich bei ihm anklopfte, da hat er mich von der Tür gewiesen.

Oh, guter Ritter Martin, das habe ich nur Euch zu verdanken. Weil Ihr Euren Umhang mit mir geteilt habt, haben die Leute in der Stadt erst bemerkt, daß ich auch ein Mensch bin, und sie sind Eurem Beispiel gefolgt. Nie werde ich Euch genug danken können.«

»Du brauchst nicht mir zu danken«, erwiderte Martin. »Danke Gott, daß er uns beide zusammengeführt hat. Und denke stets daran, jetzt, wo es dir gut geht, daß auch du immer Gelegenheit finden wirst, mit denen zu teilen, die weniger haben als du.«

Elisabeth und die Rosen

Es war einmal eine Königstochter mit Namen Elisabeth. Sie war verlobt mit dem Landgrafen Ludwig von Thüringen. Als die Zeit gekommen war, fand eine prunkvolle Hochzeit statt, und Elisabeth zog in die Wartburg ein. Nun war sie Ludwigs Frau und Landgräfin von Thüringen. Sie lebten glücklich zusammen, und es fehlte ihnen an nichts. Sie trugen prächtige Gewänder, besaßen wertvollen Schmuck und hatten jeden Tag genug zu essen. Häufig wurden auch rauschende Feste auf der Burg gefeiert, dazu kamen vornehme Gäste von nah und fern, und edler Wein und köstliche Speisen wurden gereicht.

Eines Tages wollte Elisabeth einen kleinen Ausflug in die Umgebung machen. Sie ließ ihr Pferd satteln, nahm einen Diener als Begleitung mit und ritt los. Als sie durch das Dorf kam, das am Fuße des Burgbergs lag, sah sie, daß die Hütten ärmlich und verfallen waren. Viele Leute trugen zerlumpte Kleider, die Kinder waren mager und hatten keinen Glanz in ihren Augen. Elisabeth war sehr erschrocken. Wieder zu Hause fragte sie ihren Mann, warum die Leute da unten im Dorf denn so arm seien. »Die Ernte der letzten Jahre war schlecht«, antwortete der Landgraf. »Aber war es denn so wenig, daß die Leute nicht davon leben können?« fragte Elisabeth erstaunt. »Ich habe doch auch Kühe gesehen und Hühner. Was machen die Leute mit der Milch und den Eiern?« »Jeder Bauer muß einen Teil seines Ertrags auf der Burg abgeben«, antwortete der Landgraf. »Fünf Säcke Korn und einen Sack Kartoffeln, dazu jede Woche drei Kannen Milch und ein Dutzend Eier.« Elisabeth dachte nach. »Also leben wir hier von dem Wenigen, was die

Bauern ernten, in Saus und Braus, und die Leute haben selbst fast nichts? Ludwig, das ist nicht recht!«

Am nächsten Tag zog Elisabeth das einfachste Gewand an, das sie in ihrer Truhe finden konnte. Sie ließ von ihrem Koch einen großen Korb mit Brot, Äpfeln, Käse und Eiern füllen und deckte den Korb zu. »Es muß ja nicht jeder sehen, was ich vorhabe«, dachte Elisabeth bei sich. Sie ging zu Fuß ins Dorf und verteilte dort alles, was sie in ihrem Korb hatte. Die armen Leute erkannten sie nicht.

So machte es Elisabeth von nun an jeden Tag. Mit der Zeit kamen die Dorfbewohner dahinter, daß es die Landgräfin selbst war, die Essen an die Armen verteilte, und Elisabeths Mildtätigkeit sprach sich bald herum. So kam es auch den benachbarten Grafen zu Ohren, und sie waren gar nicht erfreut darüber. »Elisabeth weiß nicht, was sie tut«, sagten sie zueinander. »Wenn sie verschenkt, was dem Grafen gehört, dann könnten die Bauern ja auf die Idee kommen, ihre Abgaben zurückzufordern. Das stiftet nur Unruhe! Wir müssen ihr diese dumme Idee ausreden.«

Und so ritten drei der Grafen zu Ludwig, ihrem Mann. Sie drängten ihn, Elisabeth ihr Tun zu verbieten. Ludwig billigte heimlich die Großzügigkeit seiner Frau, aber er hatte nicht den Mut, das den Grafen gegenüber zuzugeben. »Was wollt ihr von ihr?« fragte er. »Elisabeth tut nichts Unrechtes. Sie geht nur jeden Tag spazieren.« Sie glaubten ihm nicht. Um ihn zu überzeugen, versteckten sie sich mit ihm zusammen hinter einem Felsen an dem Weg, der von der Burg ins Dorf führte. Schon sahen sie Elisabeth kommen. Sie trug schwer an dem Korb, den sie wie jeden Tag mit Brot und anderen Lebensmitteln gefüllt hatte. Die Männer stellten sich ihr in den Weg. »Was hast du da in dem Korb?« herrschten sie sie an. »Mach den Deckel auf!« Elisabeth sah sie furchtlos an. »Sieh du nach«, wandte sie sich an Ludwig. Und als dieser zögernd den Deckel hochhob – da war der Korb voller wunderschöner, duftender Rosen! Elisabeth und Ludwig verstanden selbst nicht, wie das zugegangen war, aber sie tauschten erleichterte, dankbare Blicke. Die fremden Grafen jedoch waren beschämt und entschuldigten sich, daß sie so unhöflich gewesen waren und ritten eilig davon. Von diesem Tag an wurde Elisabeth nie mehr behelligt. Sie half, wo immer sie konnte, und war bis zu ihrem Lebensende ein Segen für die Armen.

Franz spricht mit den Wölfen

Der heilige Franz war in der Gegend von Assisi in Italien zu Hause. Er lebte in ärmlichen Verhältnissen, und sein einziger Wunsch war der, sein Leben in Frieden mit Gott und der Welt zu führen. Er fühlte sich dem lieben Gott sehr nahe, vor allem dann, wenn er in der Natur unterwegs war. Deshalb liebte er alles, was Gott geschaffen hatte: Sonne und Mond, die Wiesen und Felder, die Berge und Flüsse, jedes Gänseblümchen und jeden Rosenstock, und ganz besonders liebte er die Tiere.

Einmal gab es einen sehr strengen Winter. Der Schnee lag nicht nur oben auf den Bergen, sondern auch bis tief in die Täler hinunter war alles verschneit. Die Tiere in den Wäldern fanden nichts mehr zu fressen, und viele mußten verhungern.

Auf den Höhen der Berge lebte ein Rudel Wölfe. Auch sie wurden von dem strengen Frost und dem Hunger, den sie litten, aus ihren Wäldern hinunter ins Tal getrieben. Als sie nichts mehr zu fressen fanden, fingen sie an, in einem Bauerndorf auf Weiden und in Ställen zu räubern und die Tiere zu reißen. Auch Menschen wurden von den wilden, hungrigen Tieren angefallen. Die Angst ging um in diesem Dorf, und weil sich die Bauern keinen Rat mehr wußten, beschlossen sie, sich gemeinsam gegen die Wölfe zu wehren.

Als der heilige Franz davon hörte, eilte er sofort in dieses Bauerndorf. »Gebt mir noch einen Tag Zeit«, sagte er zu den Bauern, »vielleicht kann ich euch helfen.«

Am nächsten Morgen machte sich Franz auf den Weg. Er mußte nicht weit den Berg hinaufgehen. Auf einer kleinen Lichtung sah er das Rudel Wölfe. Die Tiere lagen dicht aneinandergedrängt, um sich gegenseitig zu wärmen. Als sie witterten, daß ein Mensch auf sie zukam, sprangen sie auf. Furchtlos ging Franz auf die wilden Tiere zu. Sofort erkannte er den Leitwolf, das oberste Tier im Rudel. Franz blickte ihm fest in die Augen und blieb vor ihm stehen.

»Bruder Wolf«, sagte er, »ich weiß, daß ihr argen Hunger leidet.« Der Wolf fletschte die Zähne und hielt sich sprungbereit. »Den Tieren im Tal geht es nicht besser«, fuhr Franz fort, »und auch die Bauern haben fast alle ihre Vorräte aufgezehrt. Es ist ein harter Winter, für alle hier im Land.« Der Leitwolf knurrte leise, und das ganze Rudel hielt sich dicht hinter ihm.

»Aber auch wenn ihr Hunger habt: Es geht nicht, daß ihr den Bauern die Tiere aus der Herde stehlt«, sprach Franz mit fester Stimme weiter. »Euer Platz ist oben in den Wäldern. Bitte, Bruder Wolf, geht wieder hinauf. Die Bauern haben sich in ihrer großen Not zusammengetan. Sie wollen euch töten.«

Wieder knurrte der Wolf. Franz trat ganz nahe an ihn heran, streckte die Hände aus und legte sie ihm auf den Kopf. Der Wolf hielt ganz still.

»Der liebe Gott sorgt für seine Kreaturen«, sagte Franz leise. »Für die Vögel des Himmels, für die Blumen auf dem Feld und ebenso für die Tiere des Waldes.« Dann drehte er sich um und ging wieder ins Dorf hinunter.

Keiner der Wölfe rührte sich. Als Franz nicht mehr zu sehen war, drehte sich der Leitwolf um, und das ganze Rudel folgte ihm hinauf in die einsamen Wälder.

Noch am gleichen Tag setzte Tauwetter ein, und der strenge Winter ging zu Ende. Die Wölfe wurden nie wieder im Tal gesehen.

Engel bei den Hirten. Eine Weihnachtsgeschichte

Es war einmal in einer kalten Nacht vor den Toren der Stadt Bethlehem. Auf den Feldern hüteten die Hirten ihre Schafe. Auch die Nacht über blieben die Tiere draußen. Da mußten sie besonders gut bewacht werden, damit nicht ein Wolf oder ein anderes wildes Tier die jungen Lämmchen aus der Herde raubte.

Es war mitten in der Nacht, als plötzlich ein Engel vor den Hirten stand. Ein Licht, heller als der Sonnenschein, strahlte von ihm aus, und die Hirten erschraken sehr. Der Engel sagte zu den Hirten: »Habt keine Angst! Ich komme von Gott, um euch die wunderbarste Nachricht zu bringen, die die Welt jemals gehört hat! Heute Nacht ist der Sohn Gottes geboren worden, und er wird allen Menschen Heil und Frieden bringen. Dort drüben in einem Stall kam das Christuskind zur Welt.«

Und plötzlich waren unzählig viele Engel da, und die Hirten konnten die Helligkeit fast nicht ertragen. Die Engel sangen und jubilierten: »Ehre sei Gott im Himmel! Friede für alle Menschen auf der Erde! Gott hat die Menschen lieb!«

Schließlich wurde es wieder still und dunkel auf dem Feld.

Die Hirten waren zunächst wie betäubt, aber dann redeten sie aufgeregt durcheinander. Ja, alle hatten sie das Gleiche gesehen und gehört, sie hatten sich nicht getäuscht! Und dann sagte Simon, der älteste: »Wir wollen hinübergehen zu dem Stall vor den Toren der Stadt. Wir wollen mit eigenen Augen sehen, was sich zugetragen hat. Andreas und Daniel, ihr beide bleibt bei der Herde. Wir können die Tiere ja nicht allein lassen.«

Die Hirten gingen los, und auch Raffi, der Hirtenhund, lief mit. Er wich nie von Simons Seite. Andreas und Daniel blieben enttäuscht zurück. Natürlich, ausgerechnet sie beide sollten wieder einmal nicht dabei sein. Andreas, der ein bißchen langsam im Kopf war, und Daniel mit dem Hinkebein.

Stumm saßen sie nebeneinander am Feuer. Mit einemmal wurde die Herde unruhig. Ob etwa ein Wolf in der Nähe war? »Und ausgerechnet jetzt ist der Hund nicht da!« schimpfte Daniel. »Komm, Andreas, sieh du nach, ich kann nicht so schnell laufen mit meinem Bein!«

»Warum ich?« gab Andreas zurück. »Du hast doch bloß Angst.« In diesem Moment hörten sie ein Lämmchen jämmerlich blöken. Und gleichzeitig sahen sie wieder ein helles Licht aufleuchten – wie vorhin, als die Engel da waren.

Da sprang Andreas auf. Er nahm einen brennenden Stock aus dem Feuer und rannte los. Und tatsächlich hatte ein Wolf ein kleines Lämmchen gepackt. Andreas besann sich nicht lange.

Er stürmte mit seiner Fackel auf den Wolf los, der – geblendet von dem hellen Schein – das Lämmchen fallen ließ. Daniel, der hinterhergehumpelt war, hob es hoch und brachte es in Sicherheit, während Andreas das wilde Tier in die Flucht schlug.

Daniel war ein guter Tierpfleger. Er legte dem Lämmchen heilende Kräuter auf seine Wunden und verband es. »Es wird sich bald erholen«, sagte er zu Andreas.

Unterdessen kam Simon, der älteste Hirte, zurück. Er war den anderen vorausgeeilt, weil er sich doch nicht ganz sicher war, ob die Herde bei Andreas und Daniel gut aufgehoben war. Andreas berichtete aufgeregt, was geschehen war. Simon lauschte mit wachsendem Staunen.

»Ihr beide habt einen ausgewachsenen Wolf vertrieben?« fragte er ungläubig. »Woher habt ihr soviel Mut?«

Und erst jetzt fiel Andreas und Daniel das Licht wieder ein, das Engelsleuchten, das sie bemerkt hatten, als der Wolf das Lämmchen gerissen hatte. Sie erzählten es dem alten Hirten. Simon lächelte und sagte:

»Jetzt verstehe ich alles. Ihr wart gar nicht allein hier auf dem Feld. Einer von den vielen Engeln ist bei euch geblieben und hat euch Mut und Kraft gegeben.« Simon dachte nach. »Das kommt bestimmt von dem Kind im Stall. Dort leuchtet alles in diesem hellen Schein. Ich würde es nicht glauben, wenn ich es nicht mit eigenen Augen gesehen hätte.«

Und Simon schickte die beiden jungen Hirten hinüber zum Stall vor den Toren der Stadt Bethlehem. Sie gingen hin, Andreas, der ein bißchen langsam im Kopf war, und Daniel mit dem Hinkebein. Sie sahen das Wunder mit eigenen Augen. Und sie vergaßen nie wieder, was in dieser Nacht geschehen war.

GESCHICHTEN AUS ALTER ZEIT

Liebe Vorlesende!

Märchen sind zeitlos, und Kinder lieben Märchen. Die überraschende Wendung, die eine Geschichte nimmt, eine Wendung zum Guten und Gerechten, ist unabdingbare Voraussetzung für ein Kind, sein eigenes, kleines Erleben in einem großen Zusammenhang gut aufgehoben zu wissen.

Nun ja, mögen Sie sagen – Märchen – schön und gut – Kinderkram –, aber das Leben ist anders. Es ist nur selten gut und gerecht, dafür aber ziemlich oft mies und ungerecht. Aber mal ganz ehrlich: Würden wir die Mühseligkeiten des Alltags überhaupt ertragen können, wenn wir uns nicht aus unserer Kindheit den Schleier der Phantasie bewahrt hätten, der sich manchmal über das alltägliche Geschehen legt und die Möglichkeit einer glücklichen Wendung bereithält?

Die Geschichte vom Butzemann

Ihr kennt bestimmt das alte Lied vom Bi-Ba-Butzemann! Aber kennt ihr auch die Geschichte vom Butzemann? Nein? Dann will ich sie euch erzählen.

In einem kleinen Dorf lebte einmal ein Mädchen mit seiner Mutter allein in einem kleinen Häuschen. Sie waren arm und das alte, windschiefe Haus war ihr einziger Besitz. Die Mutter verdiente sich ein wenig Geld, indem sie anderer Leute Kleider flickte, Strümpfe stopfte, Socken strickte. Davon konnten sie sich Brot, Milch, Käse und ab und zu sogar Eier kaufen. Das Mädchen ging zur Schule, und wenn es mit seinen Hausaufgaben fertig war, half es seiner Mutter oder ging hinaus, um zu spielen.

In dem Städtchen gab es einen Lumpensammler, das war vielleicht ein komischer Kauz. Er hatte ein ganz schiefes Gesicht mit einer großen, verbogenen Nase, in seinem Mund hatte er nur noch vier oder fünf verfaulte Zähne, er hatte einen Buckel und hinkte. Er war häßlich wie eine Vogelscheuche, und weil er das wohl wußte, hatte er immer einen alten, braunen Umhang an, dessen Kapuze er sich tief ins Gesicht zog. Kein Mensch kannte seinen wirklichen Namen, alle nannten ihn nur den Lumpenhansel. Die Schulkinder hänselten und verspotteten ihn. Wenn er des Weges kam, riefen sie:

> *Schaut ihn an, den Lumpenhansel,*
> *o wie häßlich, o wie gräßlich,*
> *gebt nur acht, der Lumpenhansel!*

Meist tat der Lumpenhansel so, als hörte er die Spottreden nicht. Manchmal aber geriet er in hilflose Wut, dann warf er seine Kapuze zurück, schnitt fürchterliche Grimassen und tat so, als wollte er die Kinder fangen. Deshalb hatten sie auch immer ein bißchen Angst vor ihm und wagten sich nicht zu nah an ihn heran.

Einmal gab es einen besonders strengen Winter. Erst hatte es tagelang geschneit, dann war es kalt und kälter geworden. Die Kinder jubelten, denn sie konnten nun auf dem zugefrorenen Dorfweiher herumrutschen. Aber wer keinen Ofen zu Hause oder kein Holz und keine Kohle hatte, um ihn zu beheizen, der mußte erbärmlich frieren.

Dem Mädchen war schon aufgefallen, daß der Lumpenhansel gar nicht mehr durchs Dorf humpelte. Und als es eines Tages zum Weiher hinausging, kam es an der alten Scheune vorbei, in der der Lumpenhansel hauste. Die Tür stand offen, und das Mädchen spähte hinein. Drinnen saß auf einem Balken der Lumpenhansel. Er war ganz in sich zusammengesunken und rührte sich nicht. Das Mädchen getraute sich nicht, näher hinzugehen. Aber es rief: »Hallo, Lumpenhansel, geht es dir nicht gut?« und bekam keine Antwort. Da drehte sich das Mädchen schnell um und lief heim zu seiner Mutter. Das Mädchen rief: »Der Lumpenhansel, es geht ihm nicht gut, vielleicht ist er sogar tot!« Die Mutter füllte etwas heißen Tee in ein Fläschchen. Dann klopfte sie beim Nachbarn und bat ihn um Hilfe. Der nahm einen Schlitten mit, und zu dritt liefen

sie wieder hinaus zur Scheune. Der Nachbar trat zu dem alten Mann und sprach ihn an. Er bekam keine Antwort, aber er hörte, daß der Lumpenhansel schwer atmete. »Er ist halb erfroren«, sagte der Nachbar. »Wir müssen ihn ins Warme bringen.« Er packte ihn einfach und setzte ihn auf seinen Schlitten. »Aber wohin mit ihm?« fragte der Nachbar mißmutig. »Bring ihn nur zu mir«, sagte die Mutter, »wir werden ihm schon wieder auf die Beine helfen.«

In ihrem alten Häuschen setzten sie den Lumpenhansel auf die Ofenbank. Zuerst gab ihm die Mutter ein paar Löffel heißen Kräutertee. Dann kochte sie noch eine Brotsuppe. Und wirklich, der Lumpenhansel taute allmählich auf, nahm selber den Löffel in die Hand und aß gierig die Suppe. Er mußte schrecklichen Hunger haben. Als er fertig war, schauten seine Äuglein mißtrauisch unter der Kapuze hervor, die er immer noch nicht abgelegt hatte. Aber Mutter und Tochter schauten ihn nur freundlich an, und die gute Frau sagte: »Du kannst, solange es so kalt ist, hier auf der Ofenbank schlafen.« Und so geschah es. Solange der strenge Frost anhielt, kam der Lumpenhansel jeden Abend zu dem kleinen Häuschen. Er bekam eine Suppe oder ein Käsebrot und durfte es sich dann auf der Ofenbank gemütlich machen. Er sprach nicht viel, und Mutter und Tochter fragten auch nicht nach.

So ging das drei Wochen lang. Eines Nachts, Mutter und Tochter schliefen wieder in der Kammer neben der Stube, wachten sie auf, weil sie nebenan ein Tapsen und Brummen gehört hatten. Sie spähten durch die Tür. Der Lumpenhansel hatte seinen Umhang abgelegt, hielt zwei Stöcke in der Hand, hatte einen Sack über der Schulter und tanzte seltsam hopsend um den Tisch herum. Dazu brummelte er etwas, was sich wie eine fröhliche Melodie anhörte. Es sah so komisch aus, und das Mädchen mußte glucksen vor Lachen. Da wandte sich der alte Mann

erschrocken um und ließ den Sack fallen. »Keine Angst, guter Mann«, sagte die Mutter rasch, »wir wollten dich nicht erschrecken. Aber erzähl uns, was machst du da für lustige Sachen?« Der Lumpenhansel jedoch wickelte sich in seinen löchrigen Umhang und legte sich wieder auf die Ofenbank. Erst am nächsten Abend, als sie zusammen ihre Suppe löffelten, begann er plötzlich zu erzählen.

Er sei einst ein Musikant gewesen, er konnte Geige, Flöte und sogar Dudelsack spielen. So zog er von Ort zu Ort und erfreute die Leute in den Dörfern mit seiner Kunst. Meistens reichte das Geld in seiner Mütze nach einer kleinen Aufführung, daß er sich sein Essen kaufen und manchmal sogar im Gasthaus übernachten konnte. Aber eines Abends hatte er im Wirtshaus zu viel von dem guten Wein getrunken. Er geriet in Streit mit einem anderen Gast und torkelte schließlich hinaus auf die Straße. Dort stolperte er und fiel hin. Das Unglück wollte es, daß gerade in dem Moment eine Kutsche vor dem Gasthof vorfuhr, und er unter die Hufe der Pferde geriet. Der Wirt nahm ihn auf und ließ ihn in seinem Gasthaus wohnen, bis er sich wieder auf den Beinen halten konnte.

Dann aber schickte er ihn weiter. Der Lumpenhansel hatte all sein Geld aufgebraucht, seine Instrumente waren zerbrochen, sein Gesicht und sein Körper waren durch den Unfall entstellt, und er hatte kein Handwerk gelernt. Von da an wurde die Armut sein ständiger Begleiter. Er zog als Bettler durchs Land, bis er in dem kleinen Schuppen eine notdürftige Bleibe fand. Sein richtiger Name, so schloß der Lumpenhansel seine Erzählung, sei Hans Butz.

»Und was war das für ein Tanz, den du gestern Abend um den Tisch herumgehopst bist?« fragte das Mädchen schließlich. »Das«, sagte Hans Butz und erhob sich, »das war mein Schlußstück bei jeder Vorstellung auf dem Marktplatz. Wenn viele Leute um mich herumstanden, dann habe ich meinen Dudelsack genommen, mein Lieblingsstück gespielt und dazu getanzt. Das hat den Leuten gefallen, da haben die Geldstücke nur so geklimpert in meiner Mütze.« Und der Lumpenhansel legte seinen Umhang ab, nahm einen leeren Sack und zwei Stöcke und tat so, als wenn das sein Dudelsack wäre. Dann brummte er ein Lied vor sich hin und tanzte dazu um den Tisch herum.

Als der strenge Winter vorbei war, bedankte sich Herr Butz bei den freundlichen Leuten. »Komm doch wieder«, sagten Mutter und Tochter. Und das tat er. Wenn es im Winter vor Kälte klirrte, kam der Butzemann, wie das Mädchen ihn jetzt nannte, zurück an den Ofen in dem windschiefen Häuschen. Und wenn das Mädchen sehr bat und bettelte, dann brummte er seine Melodie und hopste dazu um den Tisch herum. Und das Mädchen sang dazu:

> *Es tanzt ein Bi-Ba-Butzemann in unserm Haus herum – fideldum*
> *Es tanzt ein Bi-Ba-Butzemann in unserm Haus herum!*
> *Er rüttelt sich, er schüttelt sich, er wirft sein Säcklein hinter sich!*
> *Es tanzt ein Bi-Ba-Butzemann in unserm Haus herum!*

Hinz Rosenholz

Daß es Zauberer und Hexenmeister gibt, ist allgemein bekannt. Es gibt viele Geschichten, die es bezeugen. Aber daß es unter diesen Meistern der schwarzen Kunst nicht nur böse Kerle, sondern auch ein paar herzensgute Seelen gibt, das ist weniger bekannt. Ich finde es daher lehrreich und nützlich, von einem Zauberer zu berichten, der auf einer kleinen Insel wohnte. Er hieß Hinz Rosenholz und hatte einen Kramladen in der Robbengasse nahe beim Strand. Wenn er gewollt hätte, dann hätte er ein reicher Mann sein und in einem prunkvollen Palaste wohnen können. Aber ihm lag nichts daran. Er liebte seinen Kramladen und sein kleines Haus am Strand, in dem er ganz allein mit seinem Kater Zappei hauste.

Er hatte das Zaubern nie gelernt. Er besaß kein Zauberbuch und keine gläsernen Kugeln. Er hatte einfach ein angeborenes Zaubertalent. Zum Beispiel nahm er einen alten ausgefransten Filzhut, betrachtete ihn eine Weile nachdenklich und wünschte sich dann recht herzlich, daß der alte Hut sich in ein Puppenhaus für seine kleine Nichte verwandeln möge. Und siehe da: Unter seinen langen, schmalen Händen und unter dem Blick seiner Augen wurde der alte Filzhut langsam größer, vier Wände mit bunten Tapeten bildeten sich, sechs kleine Fenster öffneten sich, in die Fenster wuchsen von unten Glasscheiben hinein, und in kurzer Zeit hatte Hinz Rosenholz statt des ausgefransten Filzhutes das niedlichste Puppenhaus in den Händen, das man sich denken kann.

Meine Mutter, die auf jener kleinen Insel aufgewachsen ist, hat dem Hinz beim Zaubern oftmals zugesehen und mir davon erzählt, besonders von der Zeit der großen Hungersnot. Nur war das Zaubern da leider schon längst verboten.

Es war ein strenger Winter damals, so erzählte meine Mutter. Die kleine Insel war ringsum von aller Welt abgeschnitten. Das Meer war bedeckt mit gewaltigen Eisblöcken, die sich mit lautem Krachen und Knacken aneinanderrieben und sich mit so viel Lärm übereinanderschoben, daß man das Brechen und Knirschen Tag und Nacht bis in die entferntesten Kammern hören konnte. Kein Schiff konnte vom Festland herüberkommen, um Brot, Fleisch oder Milch zu bringen. Und Kühe, Schafe oder Äcker gab es auf dem winzigen Felseneiland nicht. Es gab nur Fische oder Vögel, die man schoß oder in Netzen fing. So lebte man in jenem Winter, als die Vorräte aufgebraucht waren, nur von Fischen und Vögeln. Wer keine gesalzenen oder getrockneten Fische mehr hatte, mußte zusehen, daß er sich bei den Nachbarn einige erbettelte. Es waren schreckliche Wochen. Wenn jemand von Brot, Fleisch oder frischem Gemüse redete, bekamen die Zuhörer heiße Augen, und das Wasser lief ihnen im Munde zusammen. Es soll damals Leute gegeben haben, die dem alten Hinz Rosenholz ein ganzes Haus schenken wollten, wenn er ihnen nur einen halben Liter frischer Milch herzauberte. Aber Hinz hielt sich streng an das Verbot des Bürgermeisters und zauberte nicht einmal für sich selbst ein wenig Nahrung in die Speisekammer. Er lebte wie alle von Fisch und von erlegten Vögeln.

Als das so vier Wochen gegangen war und auch die Fischvorräte zur Neige gingen, wanderte eine Abordnung entschlossener Insulaner zum Bürgermeister. »Es geht so nicht mehr weiter«, sagten sie. »Unsere Kinder haben fiebrige Augen, unsere Frauen wissen nicht mehr, was sie zu den Mahlzeiten auf den Tisch bringen sollen, und unsere Steinkruken mit gesalzenem Fisch sind bald leer. Es gibt nur einen, der uns retten kann, solange das Eis die Insel umklammert: Das ist Hinz Rosenholz!«

»Liebe Freunde«, antwortete der Bürgermeister. »Auch ich leide unter der schrecklichen, allgemeinen Not. Ich weiß genau, wie es in den Häusern der Insel aussieht, aber ich habe strikte Anweisung vom Festland, alle Zauberei zu verbieten. Es gibt ein Gesetz, wonach jeder, der sich mit der schwarzen Kunst befaßt, auf Lebenszeit ins Gefängnis wandert. Wollt ihr denn, daß der gute Hinz Rosenholz bis an sein Ende im Gefängnis stecken soll? Nur, damit wir jetzt ein bißchen Fleisch und Gemüse essen können?«

Nun, das wollten die Insulaner natürlich nicht. Daran hatten sie wahrhaftig nicht gedacht. Betrübt und nachdenklich wanderten sie in ihre Häuser zurück. Aber ein Stachel saß ihnen im Herzen und pikte und pikte.

»Laßt doch den alten Mann ruhig ins Gefängnis wandern«, dachten manche. »Besser ein Unschuldiger sitzt im Gefängnis, als eine ganze Insel kommt vor Hunger um.«

Ja, so dachten manche. Doch sie sprachen ihre Gedanken nicht aus. Hinz Rosenholz aber erriet ihre Gedanken, und eines Sonntags machte er sich auf zum Haus des Bürgermeisters.

»Hör mich an, Bürgermeister«, sagte Hinz. »Die Not der Insulaner schneidet mir ins Herz. Ich kann es nicht mehr mit ansehen, wie die Kinder mit hungrigen Augen in meinen Laden kommen und heimlich

erwarten, daß ich den Kieselstein in ihrer Tasche in Brot verwandle. Steck mich ins Gefängnis, Bürgermeister. Dort will ich alles herzaubern, was wir seit Wochen entbehren: Brot und Fleisch, Milch und Gemüse, Butter und Mehl. Wenn ich einmal im Gefängnis sitze, kann mich niemand mehr bestrafen. Dort werde ich meine Zauberkunst zum Segen der Insel wieder ausüben können.«

»Aber du wirst dann bis an dein Lebensende im Gefängnis bleiben müssen, Hinz«, sagte der Bürgermeister. »Das Gesetz verlangt es.«

»Was tut's?« entgegnete Hinz. »Ich bin ein alter Mann, der ohnedies nicht mehr lange zu leben hat. Wenn ich meinen Lehnstuhl und meinen Kater mitnehmen darf und jeden Tag Besuche empfangen kann, dann will ich wohl zufrieden sein.«

»Nun gut«, seufzte der Bürgermeister, »es sei, wie du es wünschest, Hinz.« Noch am selben Tag zog Hinz Rosenholz mit seinem Lehnstuhl und seinem schwarzen Kater Zappei ins Gefängnis, und über die ganze Insel verbreitete sich in Windeseile die Nachricht, daß nun die Not ein Ende habe. Es dauerte keine Stunde, da schob und drängte sich eine große Menschenmenge vor dem vergitterten kleinen Gefängnisfenster Hinz Rosenholzens. Man brachte Steine, die er in Brot verwandeln sollte, Strohblumen, die er in frischen Salat verzaubern sollte, man kam mit Krügen voll Regen-

wasser, die er zu Milch, und mit alten Schuhen, die er zu Fleisch machen sollte. Bis tief in die Nacht hinein zauberte Hinz Rosenholz.

Manche Leute rissen ihm die Steine schon wieder aus den Händen, wenn sie erst halb in Brot verwandelt worden waren. Manche zerrten ihm die zu Fleisch verzauberten Schuhe aus der Hand, wenn das hintere Ende des Schweinebratens noch ein schiefer lederner Absatz war. Hinz Rosenholz trug alles mit Geduld. Er wußte, wie weh der Hunger tut und wie den Müttern Tränen in die Augen steigen, wenn ihre Kinder hungrig und stumm in ihre Betten schleichen müssen.

Nach einer Woche war die große Hungersnot vorbei. Man kochte, briet und aß wieder nach Herzenslust. Wenn eine Hausfrau Eier zum Backen benötigte, schickte sie ein Kind mit einer Handvoll runder Kiesel zu Hinz Rosenholz ins Gefängnis, und Hinz machte aus den Steinen Eier. Wenn einen Fischer der Gaumen juckte, weil er Sehnsucht nach Tabak hatte, brachte er Hinz eine Handvoll Sand,

und der gute Alte verzauberte ihn in den duftendsten Tabak, der je in einer Pfeife geraucht worden ist. Nie war man freundlicher zu Hinz als während dieser Zeit. Nie erhielt der schwarze Kater so viele Leckerbissen wie hier im Gefängnis.

Als es endlich Frühling wurde und das Eis schmolz und das erste Schiff wieder herüberkam, da staunten die fremden Seeleute, daß die Insulaner so fröhlich und wohlgenährt aussahen. Sie hatten geglaubt, daß die Inselbewohner längst vor Hunger umgekommen wären.

Hinz Rosenholz aber war glücklich, daß er mit seinen wunderbaren Kräften die Not hatte wenden können. Doch hatte das unablässige Zaubern an seinen Kräften gezehrt. Mitten im Frühling, als die Zeitungen auf dem Festland von der seltsamen Rettung der Insulaner berichteten, starb Hinz Rosenholz ruhig und heiter in seinem Lehnstuhl im Gefängnis. Alle Leute folgten dem Sarge, als man ihn begrub.

Im folgenden Sommer errichtete man ihm aus dem Felsgestein der Insel ein Denkmal, das vor seinem Hause am Strand aufgestellt wurde. Es zeigt Hinz Rosenholz, wie er in der rechten Hand einen Stein und in der linken ein Brot hält. Das Denkmal steht dort heute noch. Es ist berühmt und in sehr vielen Büchern abgebildet.

JAMES KRÜSS

Nani und das Zauberwort

Es war einmal ein kleines Mädchen, das hieß Marianne. Aber alle nannten es nur Nani. Sie wohnte mit ihren Eltern in einem kleinen Dorf. Neben dem Dorf war ein Wald, und dorthin gingen die Kinder spielen, denn es war kein dunkler, wilder Wald, sondern ein heller, freundlicher. Und auch die Tiere in diesem Wald waren besonders zutraulich. Da gab es Rehe, die sich streicheln ließen, Hasen, die auf einer kleinen Lichtung Purzelbäume schlugen, allerlei Vögel, die herrlich sangen, den Specht, der den Takt dazu klopfte, und den Kuckuck, der mit seinen Rufen die Kinder am Morgen begrüßte. In diesen Wald gingen auch die Großmütter zum Pilze sammeln, die Väter zum Holz hacken und die Mütter zum Spazierengehen, wenn sie gerade einmal ein paar Minuten Zeit hatten.

Es war ein besonders schöner, aber eigentlich ganz normaler Wald. Dachten die Leute! Nani wußte es besser. Einmal hatte sie nämlich die Windpocken gehabt und durfte nicht hinaus und mit ihren Freunden spielen, um sie nicht anzustecken. Als es ihr schon wieder ganz gut ging und sie nur noch ein paar Windpockenbläschen auf der Nase und hinter dem Ohr hatte, da erlaubte ihr die Mama, daß sie in den Wald zum Spielen dürfte, denn zu Hause war es nach dem langen Kranksein einfach zu langweilig.

Nani lief vergnügt in den Wald hinein und dachte sich ein Liedchen aus. *»Schnadeldi-hipp, schnadeldi-hopp«*, sang sie,

»ruckedi-kuh, ruckedi-muh,

kalledi-weps, kalledi-meps,

pilledi-rei, pilledi-mei,

Piloo, Piloo!«

Da lief ein Reh zu ihr hin und stupste sie freundlich mit der Nase an. »Piloo, Piloo!« sang Nani noch einmal, und da beugte das Reh den Kopf herunter und leckte Nanis Füßchen. Dann sprang es in großen Sätzen davon.

Nani lief weiter und kam zu ihrem Lieblingsbaum. Während sie hinaufkletterte, sang sie ihr Liedchen und, oben angekommen, sagte sie »Piloo, Piloo!« Da kam ein Eichhörnchen von oben den Stamm herabgesaust und legte ihr drei Nüsse in den Schoß. Nani war sehr verwundert. »Piloo, Piloo!« sagte sie. Da kam das Eichhörnchen noch einmal und knackte ihr mit seinen Zähnchen die harten Nußschalen auf. »Oh, vielen Dank!« rief Nani erfreut und ließ sich die Nüsse schmecken.

Sie turnte wieder vom Baum herunter, lief weiter und kam auf eine kleine Lichtung. Hier blühten die schönsten Waldblumen. Die Sonne stand noch nicht hoch genug, deshalb hatten die Blumen ihre Blütenköpfchen noch geschlossen. Nani sang »Piloo, Piloo!«, und da hoben die Blumen ihre Köpfchen und öffneten die Blüten. Und sie verströmten einen Duft, so wunderbar, daß Nani sich wie betäubt auf den Boden setzte und die Luft tief einatmete.

»Irgend etwas ist heute anders als sonst«, dachte Nani. Sie stand wieder auf, denn der Boden war an diesem Vormittag noch kalt und feucht vom Tau. »Piloo, Piloo!« sang sie, und da kam ein Fuchs, legte sich neben sie, breitete seinen buschigen Schwanz auf dem Boden aus und bedeutete Nani mit der Schnauze, daß sie sich darauf setzen dürfe.

»Es muß etwas mit meinem Lied zu tun haben«, dachte Nani, und wieder sang sie »Piloo, Piloo!« Da kamen drei Vöglein, setzten sich auf einen Ast über ihrem Kopf und sangen so schön, daß Nani die Augen schloß und lauschte.

Da stupste sie jemand an der Hand. Sie öffnete die Augen und erschrak. Vor ihr stand ein großer Hirsch mit einem prächtigen Geweih. »Der König des Waldes«, durchfuhr es Nani, und sie wollte aufspringen und davonlaufen. Da sagte der Hirsch:

»Hab keine Angst, kleines Mädchen. Ich tue dir nichts.«

»Du kannst sprechen?« fragte Nani erstaunt.

»Du kennst doch auch unsere Sprache«, erwiderte der Hirsch.

»Ich? Wieso?« antwortete Nani. »Welche Sprache denn? Heute ist alles so seltsam hier. Ist das denn ein Zauberwald?«

»Aber nein«, erwiderte der König des Waldes. »Dies hier ist zwar ein besonders schöner Wald. Aber es ist weiter nichts Besonderes damit. In jedem Wald haben die Tiere und Pflanzen eine gemeinsame Sprache, so, wie ihr Menschen in jedem Land eine gemeinsame Sprache habt.«

»Aber das wußte ich nicht«, sagte Nani. »Und ich kenne eure Sprache auch nicht. Ich hatte mir nur ein Liedchen ausgedacht, und immer, wenn ich »Piloo, Piloo!« gesungen habe, dann ist irgend etwas Schönes und Liebes geschehen.«

Da lächelte der prächtige Hirsch. »Dann hast du das wichtigste Wort in unserer Sprache gefunden. ›Piloo‹ heißt nichts anderes als ›Bitte‹! Deshalb waren die Waldbewohner heute so besonders freundlich zu dir.«

Da freute sich Nani sehr. Sie dankte dem Hirsch, dem Fuchs und den Vögeln. Dann lief sie nach Hause. Von dem Zauberwörtchen verriet sie niemandem etwas, das hatte sie dem Hirsch versprochen.

Wie der Regenbogen entstanden ist

In einem kleinen Dorf im Süden wohnten die Zwillingshexen. Sie hießen Anna und Berta und glichen einander wie ein Regenwurm dem anderen.

Kein Mensch konnte sie auseinanderhalten. Ihre Stimmen waren gleich. Ihre Haarfarbe war gleich. Sie hatten die gleiche Schuhgröße und das gleiche Blitzen in den Augen, wenn sie nach rechts guckten.

Eigentlich unterschieden sie sich nur dadurch, daß Anna den Regen mochte und Berta sich immerzu Sonnenschein wünschte. Morgens, wenn Anna aufwachte, hielt sie die Augen fest geschlossen, damit sie besser hören konnte. Und wenn sie ein gleichmäßiges Tropfen auf dem Teerpappedach hörte, sprang sie mit einem Jubelschrei aus dem Bett, polterte die Stiege hinunter, riß die Haustür auf und rannte nach draußen. Dann zog Berta griesgrämig die Bettdecke über den Kopf und beschloß, den Tag im Bett zu verbringen.

Morgens, wenn Berta aufwachte, blinzelte sie vorsichtig. Und wenn sich ein Sonnenstrahl in der Gardine verfangen hatte, sprang Berta mit einem Jubelschrei aus dem Bett, polterte die Stiege hinunter, riß die Haustür auf und rannte nach draußen. Dann zog Anna griesgrämig die Bettdecke über den Kopf und beschloß, den Tag im Bett zu verbringen.

Die Zwillingshexen hatten das Hexen gründlich studiert: Zuerst »Meine liebe Hexenfibel«, das war das Anfängerzauberbuch, dann »Hexen und Zaubern für Fortgeschrittene«, und schließlich hatten sie sogar die Meisterschule für Berufshexen besucht.

Anna hatte das Regenhexen gelernt. Und Berta hatte das Sonnenhexen geübt. An einem Freitag hatten sie schließlich ausgelernt. Anna war jetzt eine richtige Regenhexe und Berta eine richtige Sonnenhexe.

An diesem Freitag schien die Sonne, und die Hexe Anna hatte wie immer schlechte Laune. Sie saß in ihrem Zimmer, hielt das Hexenzeugnis in der Hand und starrte wütend auf den Fußboden. Plötzlich hatte sie eine Idee.

»Ich bin ja eine Regenhexe!« rief sie. »Da wird mich doch die dumme Sonne nicht ärgern!« Sie ging in die Küche, ließ Wasser in den Hexenkessel laufen und setzte ihn aufs Feuer. Als das Wasser kochte und der weiße Dampf zur Decke stieg, sprach sie den Regenhexenspruch:

»Graue Wolken, Wind und Sturm,
Regen für den Regenwurm.
Groß und klein und dick und schlank,
Regen macht sie alle blank.
Für den Frosch und für die Echse
Regen hext die Regenhexe.«

Kaum hatte die Hexe Anna den Hexenspruch gesagt, verfinsterte sich der Himmel, und dicke Regentropfen fielen herab. Das alles ging so schnell, daß die Hexe Berta nicht einmal Zeit hatte, den Sonnenstuhl zusammenzuklappen, in dem sie sich im Garten gesonnt hatte. Sie rannte, so schnell sie konnte, zum Haus. Völlig durchnäßt kam sie in die Küche. Sie sah den dampfenden Hexenkessel auf dem Herd stehen und wußte, was geschehen war.

»Wenn du Streit willst, sollst du Streit haben«, keuchte sie und riß den Kessel vom Feuer.

Dann polterte sie die Stiege hinauf und knallte ihre Zimmertür hinter sich zu. Sie nahm die Sanduhr vom Regal und stellte sie vor sich auf den Tisch. Als der feine weiße Sand zu rieseln begann, sprach sie den Sonnenhexenspruch:

»Wüstensand und Himmelsblau,
Sonne aus den Wolken schau!
Groß und klein und reich und arm,
Sonnenschein macht alle warm.
Für den Frosch und für die Echse
Sonne hext die Sonnenhexe.«

Als die Hexe Berta den Hexenspruch gesagt hatte, hörte es augenblicklich auf zu regnen. Das ging alles so schnell, daß die Hexe Anna nicht einmal Zeit hatte, die dunkle Sonnenbrille aufzusetzen. Sie rannte, so schnell sie konnte, zum Haus. Wutschnaubend riß sie Bertas Zimmertür auf. »Wenn du Streit haben willst, kannst du Streit haben«, brüllte sie.

Aber die Hexe Berta stand reglos am Fenster. »Da«, flüsterte sie und zeigte nach draußen. »Guck mal, Anna, da!«

Die Hexe Anna sah aus dem Fenster. Ganz weit hinten, wo Himmel und Erde zusammenstoßen, spannte sich ein bunter Bogen. Er war blau und rot und grün und gelb, und er leuchtete so schön, daß die Zwillingshexen ihren Streit vergaßen.

»Das ist ein Sonnenbogen«, flüsterte die Hexe Berta.

»Oder ein Regenbogen«, wisperte die Hexe Anna.

»Wir haben ihn gezaubert«, flüsterte die Hexe Berta. »Er kommt dann, wenn die Sonne scheint und es gleichzeitig regnet.« »Er ist schön«, wisperte die Hexe Anna. »Wir müssen ihn oft zaubern.«

Die Hexe Berta nickte.

Dann blieben sie lange Hand in Hand am Fenster stehen und staunten.

JUTTA RICHTER

Der Fremdling

In einem Wald war einmal ein riesengroßer Ameisenhaufen. Tausende von fleißigen Ameisen hatten ihn gebaut. In seinem Innern war ein fein verzweigtes Netz von Straßen und Wegen, die zu immer neuen Plätzen und Kammern führten. Der Ameisenhaufen war in Wirklichkeit eine große Stadt. Jede Ameise hatte ihre Aufgabe. An den Eingängen standen Wächter, und sie ließen nur diejenigen Ameisen in die Stadt, die auch dort wohnten. Fremde wurden weggeschickt, und wehe, sie versuchten doch, in die Stadt einzudringen, dann erging es ihnen schlecht.

Eines Tages gab es ein großes Unwetter. Schwarze Wolken waren aufgezogen, es blitzte und donnerte, und plötzlich begann es wie aus Eimern zu regnen. Alle Ameisen, die aus der Stadt hinausgegangen waren, um Futter zu sammeln, liefen in Windeseile zurück, um Schutz im Innern des Ameisenhaufens zu finden. Deshalb herrschte ein großes Gedränge an den Eingängen. Aber die Torwächter paßten genau auf. Sie ließen nur diejenigen Ameisen in die Stadt, die das Losungswort kannten.

Als fast alle Ameisen zurückgekehrt waren und die Wächter eben die Tore schließen wollten, kam noch eine letzte Ameise zum Nordtor gelaufen. »Schnell, laß mich hinein«, keuchte sie.

»Das Losungswort«, verlangte der Wächter.

»Hutzliputz«, schlug die Ameise vor.

»Das ist es nicht«, sagte der Wächter, »du gehörst nicht in unsere Stadt. Mach, daß du fortkommst.«

»Aber du siehst doch, wie es regnet«, bettelte die fremde Ameise. »Da draußen bin ich verloren. Bitte, gewährt mir Schutz vor diesem Unwetter. Ich bin doch auch eine Ameise. Wir müssen zusammenhalten.«

»Das könnte jeder sagen«, widersprach der Wächter. »Du siehst zwar aus wie wir, aber du riechst ganz anders. Vielleicht bist du ja ein Feind. Und wenn du erst mal drinnen bist in unserer Stadt, dann kommen deine Verbündeten, du öffnest ihnen das Tor, und sie können eindringen. Dann sind wir verloren. Nein – ich habe strikte Anweisung, keinen Fremden hier hereinzulassen.«

»Alles Quatsch«, sagte die fremde Ameise wütend. »Hast du noch nie etwas von Wanderameisen gehört? Ich bin eine Wanderameise! Wir wohnen nicht wie ihr in Städten, sondern wir wandern umher, und es ist überall guter Brauch, daß Wanderameisen zu Gast sein dürfen in Ameisenhaufen. Geh, frag eure Königin. Sag ihr, hier ist Rufus und begehrt Einlaß.«

Von dieser Rede war der Wächter nun doch sehr beeindruckt. Er ließ die Wanderameise hinter das Tor kommen, denn der Regen wurde immer stärker. Er behielt Rufus aber genau im Auge und schickte unterdessen einen Boten zur Königin, die in einer prächtigen Kammer genau in der Mitte der Stadt wohnte. Die Königin ließ dem Wächter ausrichten, er solle den Fremdling zu ihr bringen.

Stark bewacht – ein Wächter zur rechten und einer zur linken, ein Wächter vorne und einer hinten – wurde die fremde Wanderameise nun in die Mitte der Stadt gebracht. Aus allen Plätzen und Kammern spähten neugierige Ameisenaugen dem seltsamen Zug hinterher. So etwas hatte es in ihrer Stadt noch nie gegeben. Ein Fremdling! Und wie ein Lauffeuer verbreitete sich die Nachricht durch den ganzen Ameisenhaufen.

Schließlich stand der Fremde vor der Königin. Sie hieß Formica, und sie war eine große und stattliche Ameise. »Was willst du hier?« fragte Formica. Und da erklärte ihr Rufus noch einmal, was er auch schon dem Wächter gesagt hatte. Daß er nämlich eine Wanderameise sei, die Schutz vor dem Unwetter suche, und daß er nichts Böses im Schilde führe.

»In der Tat hatten wir noch nie einen Fremdling in den Mauern unserer Stadt«, sagte die Königin. »Verzeih, wenn man dir mißtraute. Aber natürlich gilt auch bei uns das Gastrecht. Du kannst bei uns wohnen, solange es dir gefällt, und es soll dir an nichts fehlen.« Rufus bedankte sich mit einer tiefen Verbeugung.

In diesem Moment stürzte ein aufgeregter Wächter herein. »Frau Königin«, rief er, »unser Ameisenhaufen droht einzustürzen. So ein schlimmes Unwetter wie dieses gab es noch nie. Das Wasser fließt schon in Strömen vom Hang herunter und nagt an unseren Grundmauern. Was sollen wir tun?«

»Ihr müßt die Mauern befestigen und einen Schutzwall errichten«, rief Rufus, noch bevor die Königin etwas sagen konnte.

»Weißt du denn Bescheid in diesen Dingen?« fragte die Königin.

»Aber ja«, rief Rufus. »Ich bin doch schon durch unzählig viele Ameisenstädte gewandert und habe oft solche Dämme gesehen. Ich habe auch schon einmal mitgeholfen, einen zu bauen.«

»Dann bitte ich dich, Fremdling«, sprach die Königin, »uns dein Wissen mitzuteilen. Sofort werde ich alle Arbeiter der Stadt rufen lassen. Du sollst das Kommando übernehmen. Alle müssen deine Anweisungen befolgen.«

Und so geschah es. In Windeseile wurden alle Arbeiter zusammengetrommelt. Zum Glück hatten die Ameisen in ihren Vorratskammern nicht nur Futter, sondern auch Baumaterial in Hülle und Fülle angehäuft. Das wurde nun an die undichten Stellen geschafft, und Rufus zeigte den Ameisen, wie sie die Mauern befestigen mußten. Unermüdlich flitzte er von einer gefährdeten Stelle zur andern, um die Bauarbeiten zu überwachen.

Um die ganze Stadt herum ließ er zudem einen Schutzwall aus kleinen Zweiglein und Tannennadeln errichten. Und wirklich: Die Stadt hielt dem Unwetter stand. Als der Regen endlich nachließ, war die Mauer an keiner einzigen Stelle eingebrochen.

Erschöpft lagen die Arbeiter am Boden und ruhten sich aus. Rufus aber wurde noch einmal zur Königin gerufen. »Wie soll ich dir danken, Fremder«, sprach Formica. »Du hast unsere Stadt vor unermeßlichem Schaden bewahrt.«

»Du brauchst dich nicht zu bedanken«, erwiderte die Wanderameise. »Du hattest mich ja schon als Gast in eure Stadt aufgenommen. Ich habe nur getan, was selbstverständlich ist.«

Rufus blieb noch einige Zeit in der Ameisenstadt. Er hatte unendlich viele Geschichten zu erzählen, denn als Wanderameise hatte er schon viel gesehen. Jeden Abend ging er an einen anderen Platz in der Stadt und erzählte dort seine Erlebnisse. Nach ein paar Wochen verabschiedete er sich von der Königin und von seinen neuen Freunden und zog weiter, neuen Abenteuern entgegen.

Das Märchen vom Wanderbären

Es war einmal ein junger Wanderbär, der wanderte durchs Land. Eines Tages kam er zum Schloß des Bärenkönigs. Als er so durch den Schloßpark wanderte, sah er die Bärenprinzessin. Die ist aber schön, dachte er, und er beschloß, die Prinzessin zu heiraten.

Die anderen Bären lachten ihn aus: »Du kannst doch keine Prinzessin heiraten. Du bist nur ein einfacher Bär.«

»Ich bin genausoviel wert wie die Prinzessin«, sagte der Wanderbär.

Er wanderte auch gleich auf das Schloß zu und hinein in den Thronsaal. Weil der Bärenkönig gerade nichts zu tun hatte und sich langweilte, empfing er ihn ziemlich freundlich. »Soso«, sagte der Bärenkönig, »du willst die Prinzessin zur Frau?«

»Ja, die will ich«, antwortete der junge Bär. »Was kannst du denn alles?« erkundigte sich der Bärenkönig.

»Ich kann«, sagte der Wanderbär, »ich kann auf Bäume klettern.«

»Das kann jeder Bär«, sagte der Bärenkönig.

»Ich kann Fische fangen«, sagte der Wanderbär.

»Hör mir auf mit Fischen!« rief der Bärenkönig. »Fische mag ich nicht.«

«Ich kann«, fuhr der Wanderbär fort, »ich kann dir Honig sammeln, soviel du willst.«

Der König schüttelte den Kopf. »Das ist alles nichts Besonderes«, brummte er. »Wenn du die Prinzessin heiraten willst, mußt du mir ein Säckchen mit Wundernüssen bringen. In drei Tagen sollst du zurück sein. Und weh dir, wenn du keine Wundernüsse gefunden hast!«

Der Wanderbär hatte noch nie etwas von Wundernüssen gehört, und er wußte auch nicht, wo er sie suchen sollte. Trotzdem machte er sich auf den Weg.

Er ging einen Tag, er ging zwei Tage, und er suchte unter allen Nußbäumen. Aber Wundernüsse fand er nicht.

Der dritte Tag brach an, und nun glaubt ihr vielleicht, daß der Wanderbär sehr aufgeregt war. Keine Spur. Er dachte scharf nach. Dann füllte er gewöhnliche Nüsse in sein Säckchen und lief ins Schloß zurück.

Der König versammelte sofort den ganzen Hofstaat. Der Oberhofmeister nahm einen goldenen Nußknacker und knackte die erste Schale – heraus kam aber nur ein ganz gewöhnlicher Nußkern. Der König ließ die zweite, die dritte, die vierte und fünfte Nuß knacken. Eine Wundernuß war nicht dabei. »Schwindler!« schrie der König. »Das sind ganz gewöhnliche Nüsse. Die gibt es zu Tausenden in meinem Königreich.«

»Gewiß«, antwortete der Wanderbär, »ganz gewöhnliche Nüsse. Aber bedenkt doch: Sie wachsen auf Bäumen, sie bekommen eine harte Schale, und sie schmecken süß. Ist das nicht wunderbar genug?«

Da nickten alle. Und die Prinzessin rief: »Er hat recht. Er ist der klügste Bär, der mir begegnet ist. Den will ich zum Mann.«

Und weil die Bärenprinzessin immer bekam, was sie wollte, bekam sie auch den Wanderbären zum Mann.

TILDE MICHELS

Das Pelzkindlein

Es waren einmal ein Mann und eine Frau, die lebten in großer Armut. Nun geschah es, daß die Frau ein Kind erwartete. Neun Monate lang wuchs es in ihrem Bauch, und sie freuten sich beide sehr darauf. Zwar machte sich der Mann auch oft große Sorgen und sagte: »Wie sollen wir das Kind ernähren und kleiden, wo wir doch selbst nicht genug zum Leben haben?« Aber die Frau sagte ihm, er solle sich nicht grämen, sie sei sicher, daß sie es schaffen würden. Die Frau spürte die Wärme in sich, und wenn das Kind sich in ihrem Bauch bewegte, dann war es, als wenn es ihr sachte Klopfzeichen gäbe.

Das Kind sollte im Dezember geboren werden, um die Weihnachtszeit. Das Leben wurde allmählich beschwerlich für die Frau, denn ihr Bauch wurde immer dicker, nahm ihr den Atem und machte jede Bewegung anstrengend. Es war ein harter Winter, und es war eisig kalt in der Hütte, in der die Frau mit ihrem Mann wohnte. Und allmählich wollte auch die Frau verzagen. Denn als sie sich damals im Sommer so auf ihr Kind gefreut hatte, da hatte sie noch nicht an den Winter gedacht und an die beißende Kälte. Nun fragte sie sich oft im stillen: »Wie soll ich mein Kind nur wärmen? Ich habe ja nur diese eine dünne Decke, und mir klappern selbst die Zähne vor Kälte.«

Eines Nachts war es soweit. Die Frau spürte etwas in ihrem Bauch, das wie eine langgezogene Woge über sie hinwegzog und schließlich wieder verschwand. »Es ist soweit«, sagte die Frau. Und ihr Mann hielt ihr die Hand, strich ihr die Wehen aus dem Rücken und umhüllte sie mit der einzigen Decke, die sie besaßen. Das ging so sieben Stunden lang, und die Frau betete still: »Lieber Gott, laß es gesund herauskommen! Lieber Gott, gib uns Nahrung und Wärme für unser Kind!« Und schließlich rief sie laut: »Es kommt!« Und da glitt mit der allerletzten und allergrößten Woge das Kind aus ihr heraus. Der Mann fing es auf und legte es seiner Frau auf den Bauch.

Die Frau weinte vor Glück, und der Mann hielt sie fest umschlungen und versuchte alles zu verstehen. Als die Frau genug geweint hatte, sagte sie: »Mir ist so warm ums Herz. Und mir ist so warm auf dem Bauch.«

Da sahen sie, daß das Kind ein Pelzkleid anhatte. Es hatte einfach einen Pelz auf seiner Haut. Nur im Gesichtchen mit den rabenschwarzen Augen, an den Handflächen und den Fußsohlen sah man eine rosige, ein bißchen schrumpelige Babyhaut. Der Mann erschrak über dieses sonderbare Kind. Die Frau aber sagte: »Der liebe Gott hat unserem Kind Wärme in Fülle mitgegeben.« Und sie legte es ihrem Mann in die Arme, und sogleich spürte er die Wärme und hörte augenblicklich auf zu frieren.

Von da an hatten die Frau und der Mann keine Angst mehr. Die Mutter trug ihr Kind Tag und Nacht bei sich. In einem Tuch wickelte es sie sich mal vor den Bauch, mal auf den Rücken, und die Leute schauten in das Tuch hinein und sagten: »Was habt ihr für ein hübsches Kind. Und so viele Haare hat es schon.« Sie sahen aber nur die schwarzen Haare auf dem Kopf. Wenn es Nacht wurde und sich das Kind zum letzten Mal an der Brust seiner Mutter satt getrunken hatte, nahm die Frau das Kind in den Arm, der Mann nahm die Frau in den Arm, und zu dritt legten sie sich unter ihre einzige Decke und hatten genug Wärme für die Nacht.

Als es Frühling wurde, bemerkte die Frau eines Morgens, daß dem Kind ganz viele Haare aus seinem Pelz ausgegangen waren. Sie sammelte sie sorgsam ein und tat sie in ein kleines Stoffsäcklein. So ging es ein paar Wochen lang, und als es Mai geworden war, da hatte das Kind nur noch eine Wolke pechrabenschwarzer Haare auf dem Kopf, sein kleiner wohlgenährter Körper aber war nackt und rosig. Es sah jetzt aus wie ein ganz normales, rundes, fröhliches Baby. Die Frau aber hatte jedes einzelne Härchen fein säuberlich aufgelesen. Das Stoffsäcklein nähte sie oben zu, damit nicht ein einziges Pelzhärchen verlorenging.

Das Kind wuchs heran und war meistens lustig wie ein Vogel, manchmal traurig wie eine Schildkröte, manchmal bockig wie ein Zicklein – es war ein sehr liebes Kind. Meistens war es gesund, aber gelegentlich war es auch krank, wie es bei Kindern nunmal vorkommt. Und wenn es Bauchweh hatte, legte ihm seine Mutter das Stoffsäcklein mit den Pelzhärchen auf den Bauch. Wenn es Zahnweh hatte, legte ihm seine Mutter das Säcklein auf die Backe. Und bei Ohrenschmerzen aufs Ohr. Und unter dem Säcklein wurden die Schmerzen zu Wellen, erst hoch und stürmisch, dann leise plätschernd, bis sie schließlich ganz rasch verschwanden.

ALLERLEI WUNDERLICHE GESCHICHTEN

Liebe Kinder! Liebe Vorlesende!

In diesem Kapitel gibt es ein Zauberklavier, eine vorwitzige Seerose und eine Geburtstagsfeier! Die Erzählungen handeln von märchenhaften, erstaunlichen und lustigen Begebenheiten. »Wunderliche Geschichten« haben wir sie hier genannt, weil es keine die Welt bewegenden oder erschütternden Dinge sind, die den Heldinnen und Helden in diesen kleinen Erzählungen widerfahren. Es ist die »unerhörte Begebenheit« (wie Goethe das genannt hat), die ihr Leben für einen Moment durcheinander wirbelt, wie der Wind die Herbstblätter. Aber früher oder später kommt alles wieder in Ordnung und geht seinen gewohnten Gang. Oft bleibt nur die wohlige Erinnerung an ein Erlebnis, das aus dem Strom des täglich gelebten Lebens wie eine kleine, grüne Insel herausragt.

Der Seerosenausflug

Auf einem Teich gab es ein ganze Familie wunderschöner Seerosen. Sie schaukelten sacht auf dem Wasser, öffneten tagsüber ihre herrlichen Blütenschalen und bekamen oftmals Besuch von Libellen oder Schmetterlingen, Wasserflöhen und Fröschen.

Eines Tages beschloß eine besonders vorwitzige kleine Seerose, sie hieß Rosemarie, sich nicht mehr mit ihrer langen, dünnen Wurzel am Grund des Sees festzuhalten, wie alle Seerosen das normalerweise zu tun pflegen. Sie wollte einfach mal loslassen, um zu sehen, was dann passieren würde. Zunächst passierte gar nichts. Rosemarie schaukelte ruhig weiter zwischen den anderen Seerosen. Plötzlich hüpfte ein kleiner Frosch auf das große grüne Blatt. Das war Willi. »Grüß dich, Rosemarie«, quakte Willi. »Wollte dich mal wieder besuchen. Darf ich ein bißchen auf dir schaukeln?« »Aber gern, Willi«, antwortete Rosemarie mit ihrer sanften Stimme, »ich freue mich immer über deinen Besuch.«

Unterdessen war ein frisches Lüftchen aufgekommen. Die Wellen wurden stärker, und ganz langsam wurde Rosemarie von ihrer Gruppe weggetrieben, auf den Teich hinaus. Willi schien zunächst nichts zu merken, aber plötzlich quakte er erschrocken auf. »Guck mal, Rosemarie, wir schaukeln ja mitten auf dem Teich! Hilfe, wo sind denn die anderen?« Da mußte Rosemarie ein bißchen kichern. »Die anderen Seerosen sind da, wo sie immer sind, Tag für Tag, und wenn sie nicht loslassen, werden sie eben nie was erleben.« »Aber Rosemarie, du hast dich einfach nicht mehr festgehalten? Ja, bist du denn verrückt geworden?«

schrie Willi aufgeregt. »Nun beruhige dich mal, Willi«, erwiderte Rosemarie. »Was soll schon passieren? Du kannst schwimmen und tauchen, schließlich bist du ein Frosch. Und ich kann auch schwimmen, schließlich bin ich eine Seerose. Ich möchte einfach mal einen kleinen Ausflug über den Teich machen. Was ist, machst du mit?« »Na ja, ich bin ja schon dabei«, gab Willi unsicher zurück. Aber er begann die Unternehmung spaßig zu finden.

Der Wind trieb die beiden übers Wasser. Die Sonne schien kräftig auf den Teich herab, und Willi mußte ab und zu ins kühle Wasser springen und tauchen, sonst wäre es ihm zu heiß geworden. Unten im grünlichen Halbdunkel schwamm er um Rosemaries Wurzel herum, die nun nicht mehr fest auf dem Grund des Sees verankert war, sondern wie ein langes Seil hinter ihr her durchs Wasser trieb, und er dachte bei sich: »Ist schon ein besonderes Seeröslein, diese Rosemarie!«

Zusammen ließen sie sich ganz nah an den Schilfgürtel treiben, in dem die Enten ihre Nester versteckt hatten. Mit den brütenden Entenmamas, die hocherfreut über den ungewöhnlichen Besuch waren, hielten sie ein kleines Schwätzchen.

Dann trieb sie der Wind ganz nah an die Stelle heran, wo die Badewiese ans Ufer stieß. Da waren ein paar Kinder, die hatten aus Rindenstückchen kleine Boote gebaut, die sie an langen Schnüren im Wasser treiben ließen. Fröhlich segelten die Seerose und ihr Passagier mit den Booten um die Wette.

Als die Sonne am Nachmittag schon tief stand, wurde der Wind wieder frischer, und Rosemarie trieb geradewegs auf die Seerosenkolonie zu. »Und?« sagte sie zu Willi. »Das war doch mal ein schöner Ausflug, findest du nicht auch?« Das gab Willi gerne zu. Er verabschiedete sich von Rosemarie und hüpfte ins Wasser, um zu seiner Familie zurückzuschwimmen.

Die Seerosen rückten ein wenig auseinander, um Rosemarie wieder in ihrer Mitte aufzunehmen. Rosemarie tastete mit ihrer Wurzel nach unten und fand festen Halt auf dem Grund. In dem Moment ging die Sonne unter. Die Seerosen schlossen ihre Blüten. »Was für ein herrlicher Tag war das heute!« dachte Rosemarie noch, und dann war sie auch schon eingeschlafen.

Zwei Freunde

Im tiefsten und schönsten Wald der Welt lebte ein Vogel. Den ganzen Tag flog er vergnügt in der Gegend herum, verfolgte die Mücken in der Luft und zwitscherte bis zum Sonnenuntergang. Sein Nest und seinen Wald liebte er sehr. Aber er hatte keine Freunde.

Im Wald gab es einen Fluß, und im Fluß lebte ein Fisch, der auch keine Freunde hatte. Er tauchte und schwamm zwischen den Steinen und den Algen. Er blies Luftblasen in eine Muschel und genoß das ungestörte Leben im Wasser.

Eines Tages entdeckte der Vogel den Fisch. Er näherte sich und rief: »Hallo, du bist mir sehr sympathisch!« Der Fisch lachte und sagte: »Du mir auch.«

Und so wurden sie Freunde.

Der Vogel besuchte den Fisch jeden Tag. Er flatterte über dem Wasser umher, begrüßte ihn mit seinem schönsten Trillern und erzählte ihm wie schön der Wald, die Wolken, die Berge und die Sonnenuntergänge seien.

Der Fisch liebte es, dem Vogel zuzuhören.

Und er erzählte ihm, wie schön es sei, im Wasser zu treiben, ohne sein Gewicht zu spüren, bis auf den stillsten Grund hinunterzutauchen und das Licht sich im Wasser spiegeln zu sehen. Die beiden Freunde hatten sich sehr gern.

Beide erzählten von ihrem Heim so viel Schönes, daß der Fisch eines Tages sagte: »Ich möchte aus dem Wasser herauskommen und in deiner Welt der Luft leben. Ich möchte dein Nest sehen und fliegen wie du.«

Der Vogel antwortete: »Den Wunsch habe ich auch. Ich möchte über den Algen schwimmen und durch die Binsen gleiten. Ich möchte deine Muschel besuchen und den Wassergrund streicheln.«

Eines Tages besuchte der Fisch den Zauberer des Wassers, ohne dem Vogel etwas zu sagen. Er bat ihn um Hilfe, damit er den Fluß verlassen könne. Der Zauberer gewährte ihm die Bitte: »Mit diesen Federn wirst du über die Erde fliegen können«, sagte er. Der Fisch erhob sich in die Lüfte und flog davon, um es seinem Freund zu erzählen.

Inzwischen hatte der Vogel die gleiche
Idee und ging zur Zauberin des Waldes.
Er bat sie um Hilfe, damit er in den
Fluß eintreten könne. Sie gewährte ihm
die Bitte: »Mit Hilfe dieses Schuppen-
kleids wirst du fliegen und schwimmen
können«, sagte sie. Der Vogel flog sehr
zufrieden davon, um es dem Fisch zu
erzählen.

Der Fisch flog und flog mit den neuen Flügeln,
aber nirgends fand er seinen Freund. Und der Vogel suchte ihn im Fluß.
Sie suchten und suchten – ohne Erfolg.

Inzwischen wurde es Winter.

Der Fisch schaute sich um und sah nichts von dem, was ihm der
Vogel erzählt hatte. Es gab keine hübschen Wolken, auch keine strah-
lende Sonne oder Bäume voll von Blättern. Die Landschaft war mit
Schnee zugedeckt, der Fisch fror und fühlte sich einsam. Er wurde ganz
traurig.

Auch dem Vogel war es nicht wohl. Im Winter führte der Fluß mehr
Wasser, war lärmiger und viel stärker, als er es sich vorgestellt hatte. Im
Stauwasser ließ das Eis das Licht nicht durchschimmern. Und sein
Freund war nicht da.

Der Vogel wollte gerade wieder in die Lüfte steigen, als der Fisch im
Wasser landete. Freudig umarmten sie sich. Sie erzählten sich von ihren
Verwandlungen und feierten, daß sie die gleiche Idee gehabt hatten.

»Wie gefällt dir die Erde und die Luft?« fragte der Vogel. »Toll, phan-
tastisch! Und du? Wie gefällt es dir unter Wasser?« fragte der Fisch.

»Fabelhaft, fabelhaft!« antwortete der Vogel. Sie schauten sich an. Die zwei Freunde merkten, daß sie beide gelogen hatten, um dem anderen zu gefallen, und sie begannen zu lachen.

Der Fisch sagte: »Aber auch wenn mir deine Welt nicht sehr gefällt, mit dir zusammen würde es mir an jedem Ort gefallen.«

»Mir geht es genauso!« lachte der Vogel.

Und sie beschlossen, gemeinsam die ganze Welt, Meere und Seen, Flüsse und Bäche, Berge und Täler, Wüsten und Dschungel, zu bereisen.

PAZ RODERO

Das Zauberklavier

Briefträger Schulze besaß neuerdings ein Klavier. Eines Tages war ein großer Möbelwagen vor seinem Häuschen stehengeblieben, und vier starke Männer hatten ihm das Klavier, das ihm seine alte Tante vererbt hatte, ins Wohnzimmer gestellt. Da stand es nun, und Herr Schulze freute sich sehr darüber. Nur leider konnte er gar nicht Klavier spielen! Also wischte er den Staub von dem wertvollen Stück ab und polierte es so lange, bis das dunkelbraune Holz glänzte.

Gerade wollte er damit beginnen, die weißen und schwarzen Tasten ganz vorsichtig mit einem weichen Tuch abzureiben, da drehte er zufällig an einem kleinen Holzknopf, der ganz rechts neben der letzten Taste angebracht war. Und plötzlich fing das Klavier von alleine an zu spielen!

Vor Schreck sprang Herr Schulze drei Schritte zurück, stolperte über die Teppichkante und landete zum Glück weich in seinem Ohrensessel. Da saß er und lauschte der wunderschönen Musik, bis sie zu Ende war. Ganz vorsichtig näherte er sich wieder dem verzauberten Instrument und drehte noch einmal. Und wieder spielte das Klavier das gleiche Musikstück noch einmal.

Von nun an ließ sich Herr Schulze jeden Abend das Musikstück ein paarmal vorspielen. Nach einer Woche bekam er schließlich Lust dazu, es einmal selbst zu versuchen. Mühsam suchte er sich mit seinen beiden Zeigefingern die Melodie von »Hänschen klein« zusammen. Als er danach wieder an dem Knopf drehte – oh Schreck! – spielte das Klavier »Hänschen klein«, und zwar mit allen Fehlern, die Herr Schulze auch gemacht hatte. Da verstand er. Das Klavier konnte sich immer das letzte Musikstück merken, das darauf gespielt worden war. Er probierte es noch mal aus, diesmal mit »Alle meine Entlein«, und wirklich, es funktionierte.

Am nächsten Sonntag ging Herr Schulze in die Kirche. Nach der Messe wartete er auf Frau Rebelein, eine alte Lehrerin, die in der Kirche immer die Orgel spielte. Er lud sie für den Nachmittag zum Kaffeetrinken ein und bat sie darum, Noten mitzubringen, damit sie ihm etwas auf dem Klavier vorspielen könnte. »Etwas von Mozart, bitte schön«, sagte er noch.

Am Nachmittag kam Frau Rebelein. Sie lobte den schönen Klang des Klaviers und spielte ihm dann ein Stück von Mozart vor. Danach aßen sie Kuchen, tranken Kaffee und unterhielten sich über dies und das. Als Frau Rebelein gegangen war, drehte Herr Schulze an dem Knopf – und wirklich! Das Klavier spielte von ganz alleine das Stück von Mozart, und zwar ohne Fehler, denn Frau Rebelein konnte sehr gut Klavier spielen. Da war Herr Schulze außer sich vor Freude, und jeden Abend hörte er sich nun ein paarmal das Stück von Mozart an, bis er sich satt gehört hatte.

Von da an lud er Frau Rebelein jeden Sonntagnachmittag zu Kaffee und Kuchen ein. Und jedesmal spielte sie ihm ein neues Stück vor. Frau Rebelein kam gerne, und sie wurden gute Freunde. Die alte Dame wunderte sich nur, daß Herr Schulze nie zu ihr nach Hause kommen wollte. Sie hätte doch auch ein Klavier, sagte sie, und könne Herrn Schulze auch bei sich etwas vorspielen. Da lächelte Herr Schulze nur und meinte, er wolle ihr aber keine Umstände machen.

Von dem Geheimnis seines Zauberklaviers verriet er ihr nichts!

Das Paket

Karli will in die weite Welt reisen. »Na gut«, sagt Stine, »aber gib nicht alles Geld aus. Denk an die Rückreise!«

Karli reist los. Erst hierhin, dann dorthin und immer weiter fort. Mit einem Mal ist sein Geld alle. Karli kann sich keine Fahrkarte mehr kaufen. Ohne Fahrkarte bringt ihn kein Schiff, kein Flugzeug und nicht mal die Eisenbahn nach Hause.

Karli schreibt einen Brief: »Liebe Stine, bitte schick mir Geld. Sonst kann ich nie mehr zu Dir zurückkommen.« Der Postbeamte sagt: »Auf dem Brief fehlt ja die Briefmarke.«

»Dafür habe ich kein Geld mehr«, sagt Karli.

»Ist egal«, sagt der Postbeamte, »dann bezahlt eben Stine das Porto.«

Hoppla, denkt Karli und hat einen Einfall. Er läßt sich den Brief wiedergeben. Er packt ein Paket. Er packt Bananen, Limoflaschen, eine Zeitung, ein Kissen und sich selber ein.

Dann macht er zwei Löcher in den Deckel. Er steckt die Hände hindurch, verschnürt das Paket und schreibt die Adresse: AN STINE.

Danach zieht er die Hände zurück. Er macht mit dem Paket einen Purzelbaum. Nun sind die beiden Löcher unten. Er steckt die Füße hinaus und wandert zur Post. Dort gibt er das Paket auf. »Das Porto bezahlt Stine!« ruft er.

Schon geht die Rückreise los. Im Paket ist es recht eng und unbequem. Bald hat Karli die Bananen aufgegessen und die Limo ausgetrunken. Die Zeitung kennt er auswendig. Die meiste Zeit schläft er.

Endlich kommt das Paket an. Stine muß eine Menge Porto zahlen, denn es ist ein großes Paket. Aber sie freut sich. Sie klatscht in die Hände und ruft: »Ein Paket von Karli! Sicher schickt er mir etwas Schönes aus der weiten Welt!«

Sie packt das Paket aus, und Karli selbst rollt ihr entgegen. Darüber freut sich Stine noch viel mehr.

MARGRET RETTICH

Der Wind und das Bäumchen

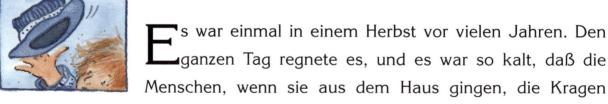

Es war einmal in einem Herbst vor vielen Jahren. Den ganzen Tag regnete es, und es war so kalt, daß die Menschen, wenn sie aus dem Haus gingen, die Kragen hochstellten und schnell ihrer Wege gingen. Schon ein paar Tage lang hatten sich die Winde das mit angesehen. Sie mochten nun nicht länger warten und machten sich auf, beim Wetter ein wenig mitzumischen.

Die Winde, das sind lustige Gesellen. Oft spazieren sie allein durch die Gegend, rascheln hier ein wenig mit den Blättern oder säuseln dort ganz leise durch die Lüfte. Natürlich können sie sich aber auch mächtig anstrengen, und dann blasen sie ordentlich los und machen den Leuten das Leben schwer. Wenn die Winde sich zusammentun und alle miteinander aus einer Richtung anmarschieren, dann entfalten sie gewaltige

Kräfte. Die Westwinde kommen vom großen Meer, sie schieben meist Regenwolken vor sich her. Die Südwinde bringen warme Luft übers Gebirge, die Nordwinde dagegen sind kalte, rauhe Burschen, mit denen nicht zu spaßen ist. Die Ostwinde, besonders die kleinen, haben nichts als Unsinn im Kopf. Von solchen will ich euch erzählen.

Es hatte also tagelang geregnet, und die Westwinde hatten immer neue Regenwolken vom großen Meer her nachgeschoben. Da traf sich eines Tages der oberste Ostwind mit dem Herrn der Westwinde und sagte zu ihm: »Nun ist aber Schluß mit dem Dauerregen. Du hast gezeigt, was ein richtiger Herbst ist. Nun laß uns mal machen, ein bißchen Abwechslung tut den Leuten gut.« Der oberste Westwind war einverstanden, und die Ostwinde bereiteten sich auf ihren Einsatz vor. Mit den großen, altgedienten Blasemeistern durfte wieder mal ein kleiner Wind mit. Er hieß Fiff, und er war sehr aufgeregt. »Ich hab ja schon viel geübt«, sagte er vergnügt zu seiner Mutter, »aber bei so einem richtigen Wetterwechsel habe ich noch nie mitgemacht.« »Halte dich immer an die großen Winde«, sagte die Mutter, »dann kann nichts schiefgehen.«

Am nächsten Morgen gingen die Leute wie immer früh aus dem Haus. Sie hatten wieder ihre Regenschirme dabei, Hüte auf dem Kopf und die Kragen hochgestellt.

Doch als sich um etwa halb acht die Schulkinder auf den Weg machten, ließ der Regen plötzlich nach. Die Ostwinde bliesen die Regenwolken auseinander, und der Himmel wurde heller. Fiff fand das alles viel zu langweilig. Als er die Leute auf den Straßen sah, wollte er seinen Spaß mit ihnen treiben. Er fuhr den Kindern unter die Regenumhänge, so daß sie aussahen wie aufgeblasene Luftballons. Dem Postboten, der frühmorgens schon seine erste Runde machte, blies er so heftig ins Gesicht, daß der auf seinem Fahrrad kaum noch vorankam. Und dann hatte Fiff noch eine ganz besonders tolle Idee. Er verhielt sich ganz ruhig, bis der Lehrer Müller um die Ecke kam. Dann blies er ihm mit einem kräftigen Luftstoß den Hut vom Kopf. Herr Müller schimpfte und wollte seinen Hut aufheben. Doch immer, wenn er ihn zu fassen meinte, trieb der freche kleine Wind ihn ein Stückchen weiter. Den größten Spaß an diesem Fange-Spiel hatten die Schulkinder, die dabei zusahen und aus vollem Halse lachten. Da wurde der oberste Wind aufmerksam, und er pfiff den frechen kleinen Ausreißer heran. »Wenn du so viel Kraft hast, mein Kleiner, dann kannst du dich draußen vor der Stadt auf dem freien Feld austoben«, sagte er und schickte Fiff mit einigen anderen Winden zum Stadttor hinaus.

Fiff war wütend auf den großen Wind. Und vor lauter Wut spürte er noch mehr Kraft in sich. »Dort drüben neben dem Feld stehen ein paar Bäume, die haben noch nicht alle Blätter verloren. Da gibt es Arbeit für euch«, hatte der große Wind gesagt. Fiff tobte als erster über das Feld. Da sah er am Ende einer Straße ein kleines Bäumchen stehen. »Ha, dir werd ich jetzt mal zeigen, was in mir steckt!« heulte Fiff und wollte das Bäumchen ordentlich durchschütteln. Er fuhr ihm zuerst von links und dann von rechts in die Äste. Die vertrockneten Blätter, die noch an den Zweigen hingen, wurden hoch in die Luft gewirbelt. Dann nahm Fiff wieder Anlauf und stürmte mit aller Kraft auf das Bäumchen los, so daß es sich zur Seite bog.

»Ho ho«, hörte Fiff da plötzlich eine Stimme, »was ist das denn heute für ein Wetterchen!« Es war das Bäumchen, das so sprach. »Wetterchen?« rief Fiff erbost. «Du nennst mich ein Wetterchen, mich – den stärksten Wind, der je an deinen jämmerlichen Zweigen gerüttelt hat?« »Nur immer weiter, mein Freund!« rief das Bäumchen. »Es ist herrlich, wenn endlich Bewegung in die Luft kommt, nach den endlosen, langweiligen Regentagen!«

»Na, dir werd ich's zeigen!« rief Fiff. Er war immer noch wütend. Der kleine Fratz da schien ihn ja überhaupt nicht ernst zu nehmen. Er holte tief Luft, wirbelte um das Bäumchen herum und zauste es ordentlich. »Juche, juche, nur immer weiter so, das gefällt mir!« rief das Bäumchen vergnügt. Aber Fiff ging allmählich die Puste aus. »Ich mag nicht mehr«, maulte er. »Dann spar dir deine Kraft, bis heute nachmittag die Kinder mit ihren Drachen auf die Wiese da drüben kommen«, schlug das Bäumchen vor. Da spitzte Fiff die Ohren. Vom Drachensteigen hatte er die großen Winde schon erzählen hören. Und wirklich, am Nachmittag hatte Fiff einen Heidenspaß mit drei Schulkindern und ihren bunten Drachen. Die großen Winde hatten unterdessen die Wolken ganz auseinander getrieben, so daß sogar noch die Sonne schien.

Als die Dämmerung hereinbrach, fühlte das junge Bäumchen ein sachtes Rauschen in seinen Zweiglein, und eine feine Stimme flüsterte: »Das war ein schöner Tag heute! Ich hoffe, du bist mir nicht mehr böse, daß ich dich heute morgen erschrecken wollte! Also, gute Nacht, träum was Schönes! Morgen komme ich dich wieder besuchen.« Das war Fiff. Dann folgte er todmüde den großen Winden, die gemächlich nach Hause zogen in ihre Himmelsecke.

Der kleine Zoowärter versteht die Sprache der Tiere

Einmal suchte der Zoodirektor einen neuen Zoowärter. Der alte Zoowärter hatte nämlich Streit mit dem frechen Papagei bekommen, und darum war er gegangen. Viele Männer meldeten sich. Der Zoodirektor bestellte sie zu sich. Und da standen sie nun im Kreis, und alle Tiere starrten sie an.

»Ich bin der Stärkste«, sagte einer der Männer. »Ich kann einen Löwen auf meinem Rücken tragen.«

»Ich bin der Dickste!« rief ein anderer. »Mich wirft nicht einmal der Bär um!«

»Und ich bin der Flinkste!« schrie ein dritter. »Mich holt kein Wildpferd ein!«

Ein vierter wollte der Mutigste sein, der fünfte der Pünktlichste, und der sechste war taub. »So macht mir das Heulen der Wölfe nichts aus«, meinte er.

»Hm«, brummte der Zoodirektor, und er wußte nicht recht, für wen er sich entscheiden sollte. Die Tiere aber fauchten und brummten, wieherten und fiepten, und man merkte deutlich, daß sie etwas sagen wollten.

»Sie möchten, daß ich hier Zoowärter werde«, sprach da plötzlich jemand, und der Zoodirektor bemerkte einen kleinen Mann. »Du?« schrien die anderen, und sie lachten und schlugen sich auf die Schenkel. »Dich hustet ja ein Floh um!«

»Du bist der Kleinste«, sagte der Zoodirektor. »Was kannst du?« »Ich verstehe die Sprache der Tiere«, entgegnete der kleine Mann, und er wurde vor lauter Verlegenheit ganz rot. Die anderen glaubten ihm nicht.

»Das soll er beweisen!« brüllten sie. »Beweisen soll er das!« Da legte der kleine Mann die Hand hinter sein Ohr und lauschte. »Der Tiger hat einen Dorn in der Pfote«, sagte er. »Und er will, daß ich ihn herausziehe.«

»Er wird dich zum Frühstück verspeisen!« rief der Mann, der sich mutig genannt hatte.

Der kleine Mann aber ging ganz ruhig in den Tigerkäfig. Er kraulte den Tiger zwischen den goldenen Augen, dann bückte er sich und zog ihm den Dorn aus der Tatze.

»Danke schön«, sagte der Tiger.

»Bitte schön«, entgegnete der kleine Mann, »gern geschehen.« »Nein!« schrien die großen Männer. »Das war nur ein Zufall! – Er soll uns sagen, was der Seehund will!«

Der Seehund jaulte nämlich ganz aufgeregt und sprang hin und her. »Er will einen Ball«, erklärte der kleine Mann, und schon zog er einen aus der Tasche und warf ihn dem Seehund zu. Und der Seehund balancierte ihn auf seiner Seehundnase und war so glücklich wie noch nie.

Der bunte Papagei aber, der früher immer recht garstig gewesen war, flog dem kleinen Zoowärter auf die Schulter und krächzte: »Herzlich willkommen!«

»Die Tiere haben entschieden«, sagte der Zoodirektor. Und er schickte die anderen Männer fort. Der kleine Zoowärter aber zog seine Mütze und begrüßte die Tiere. Da machten die Wölfe Männchen, die Giraffe verbeugte sich dreimal, der Eisbär schlug einen Purzelbaum, und der Esel warf alle vier Beine in die Luft.

»Sag mir, wieso du die Sprache der Tiere beherrschst«, fragte der Zoodirektor verwundert, und er überreichte dem kleinen Zoowärter zum Dienstantritt einen Blumenstrauß.

»Das ist ganz einfach«, sagte der kleine Zoowärter. »Ich habe die Tiere sehr lieb, und wenn man jemanden wirklich liebhat, dann versteht man ihn auch.« Und er rückte seine Mütze gerade und machte sich an die Arbeit.

GINA RUCK-PAUQUET

Als der Bär Geburtstag hatte

In einem großen, dunklen Wald lebte einst ein Bär. Er war sehr alt, älter als die meisten anderen Tiere des Waldes, und deshalb dachten alle, der Bär sei einfach schon immer da gewesen. Das stimmte aber natürlich nicht. Wie alle Tiere und Menschen werden auch Bären irgendwann einmal, an einem ganz bestimmten Tag, als kleine Babys geboren. Aber das war bei unserem Bären schon ziemlich lange her.

Der Bär lebte ganz allein. Tag für Tag durchstreifte er den Wald, suchte sich Wurzeln und Beeren, fing manchmal einen Fisch und hielt mittags, wenn die Sonne am höchsten stand, auf einer kleinen Lichtung ein Schläfchen. Dabei ließ er sich von den warmen Sonnenstrahlen den Bauch kitzeln. Wer den Bären nicht kannte, hätte denken können, er sei ein mürrischer, alter Geselle, denn er brummte meistens vor sich hin, unterhielt sich selten mit den anderen Tieren und ging immer seine eigenen Wege. In Wirklichkeit aber war er ein warmherziger Kerl und kannte alle Tiere beim Namen, sogar die allerkleinsten Hasenkinder.

Allmählich rückte der Tag näher, an dem der Bär seinen 44. Geburtstag feiern sollte. Nun ist es bei den Bären genau wie bei den Kindern so, daß sie sich über jedes Jahr, das hinzukommt, freuen. Denn jedes neue Jahr heißt: mehr Klugheit, mehr Erfahrung, mehr Geschichten im Kopf. Darüber hinaus ist jedes gelebte Jahr ein Zeichen für gute Gesundheit und Lebenskraft!

Bären haben Jahresringe wie die Bäume. Jedes Jahr bekommen sie eine Bauchfalte mehr um den Nabel herum. Man sieht diese Jahresringe kaum, weil Bären ja so ein dichtes, zottiges Fell haben, aber wenn ein Bär wirklich einmal vergessen sollte, wie alt er ist, dann braucht er nur seine Jahresringe um den Bauchnabel herum zu zählen.

Genau das hatte der Bär einmal getan, vor vielen Jahren, als er nämlich mit der Eule gewettet hatte, wer von ihnen beiden nun älter sei. Die Eule hatte damals gewonnen – und sie hatte sich genau den Geburtstag des Bären gemerkt. Deshalb wußte die Eule auch als einziges Tier im Wald, daß der Bär bald 44 Jahre alt werden würde. »Der Bär ist ein alter Eigenbrötler«, dachte sich die Eule, »der wird bestimmt keinem ein Sterbenswörtchen von seinem Geburtstag verraten. Aber der wird sich noch wundern!« Und die Eule hatte heimlich Boten ausgeschickt, nämlich die flinken Eichhörnchen, die allen Tieren des Waldes flüsternd vom bevorstehenden Wiegenfest des Bären erzählten, und gemeinsam hatten sich die Tiere ein paar Überraschungen ausgedacht.

Am Morgen seines Geburtstags wachte der Bär mit einem richtig wohligen Gefühl im Bauch auf. »Vierundvierzig Jahre«, dachte er und streckte sich behaglich, »das macht mir so schnell keiner nach.« Er begann seinen Morgenspaziergang und trottete zu einer Stelle, wo man besonders schmackhafte Wurzeln ausgraben konnte. Und siehe da, da hatte schon jemand die Erde weggebuddelt, ein paar große, saftige Wurzeln bereitgelegt – und nicht aufgefressen? Da war der Bär aber verwundert. Gut gelaunt ließ er sich das Frühstück schmecken. Er spazierte weiter und grüßte alle Tiere, die er traf, sehr höflich – zur Feier des Tages. Und alle Tiere grüßten freundlich zurück.

Durch die dichten Baumwipfel hindurch sah der Bär den blauen Himmel, und er roch es auch mit seiner feinen Nase, daß heute ein herrlicher Tag war. »Ich werde zu meiner Lichtung gehen«, dachte sich der Bär, »mich in die Sonne legen und meine Jahresringe zählen. Mal sehen, ob es wirklich wieder einer mehr geworden ist.« Als er durch den Wald trabte, wunderte er sich ein wenig, daß er überhaupt niemanden traf, nicht eines der vielen Eichhörnchen, nicht einmal ein Vöglein. Es war so still im Wald.

Doch welch ein Anblick, als er auf die Lichtung trat. Alle Tiere des Waldes hatten sich hier versammelt, weil sie genau wußten, daß der Bär mittags an seinem Lieblingsplatz eintreffen würde, und sie hatten mucksmäuschenstill auf ihn gewartet. Es war zwar heller Tag, doch sogar die Tiere der Nacht, die Eule und die Nachtigall, waren darunter. Die Hasen saßen nicht weit entfernt von den Füchsen, aber alle verhielten sich friedlich. Und als der Bär da stand, die Augen vor Staunen weit aufgerissen und mit offenem Mund, da fingen alle Tiere an zu singen:

*Zum Geburtstag viel Glück,
viermalelf Jahre am Stück!
Zum Geburtstag, lieber Brummbär,
wünschen alle dir Glück!*

Das war vielleicht ein Chor, so etwas hatte es im Wald noch nicht gegeben! Und der Bär wußte gar nicht, was er sagen sollte, und vor Rührung und Freude liefen ihm die Augen über, und die Tränen tropften auf seinen zottigen Pelz. Da lief ein kleines Hasenmädchen zu ihm hin, packte ihn am Knie und zog ihn in die Mitte der Lichtung. Dort waren Zweige kunstvoll aufgeschichtet und verbargen etwas Großes, Rundes. Der Bär mußte an einer Schnur ziehen, die Zweige fielen auseinander, und da stand die prächtigste Geburtstagstorte, die man sich vorstellen kann.

Der Boden bestand aus feinen, weißen Wurzeln, die die Wildschweine ausgegraben hatten. Darüber war eine Schicht erlesener Nüsse, gesammelt von den Eichhörnchen. Dann kam eine Lage feinster Waldbeeren, die hatten die Vögel zusammengetragen. Und ganz oben war wie ein Deckel eine kreisrunde Wabe, gefüllt mit dem leckersten Honig – den hatten die Wildbienen gestiftet. Immer noch sprachlos stand der Bär vor diesem Kunstwerk. Und die Eule sagte, diese Torte müsse er jetzt ganz allein und sofort aufessen. Dem Bären war es etwas peinlich, vor aller Augen zu essen, aber andererseits lief ihm auch das Wasser im Munde zusammen. Also ließ er es sich schmecken, und an seinem lauten Schmatzen konnten alle hören, wie gut es ihm mundete.

Nach dieser üppigen Mahlzeit mußte der Bär herzhaft gähnen. Da erhob wieder die Eule die Stimme. »Wir wissen, lieber Bär«, fing sie an, »daß du jetzt am liebsten deine Ruhe haben möchtest, damit du dein gewohntes Mittagsschläfchen halten kannst. Keine Sorge, wir werden dich jetzt nicht weiter stören. Wir möchten nur, daß du noch einmal an diesem Schnürchen ziehst.« Da bemerkte der Bär einen Blättervorhang, der am Rande der Lichtung etwas verdeckte, genau dort, wo jetzt die Sonne hinschien. Er zog wieder an einem Schnürchen, die Blätter fielen herab und enthüllten eine Hängematte! Eine richtige Hängematte! Zwischen den Bäumen, wo der Bär normalerweise am Boden lag, war nun eine Hängematte aufgespannt. Sie war aus Pflanzenfäden, Zweiglein und Wurzelfasern kunstvoll gewoben.

Da mußte der Bär aber lauthals lachen. »Liebe Freunde«, rief er, »ihr meint es wirklich gut mit mir. Aber ihr wißt wohl nicht, was ein Bär mit vierundvierzig Jahresringen um den Bauch auf die Waage bringt. Nie und nimmer kann diese Hängematte mich tragen!«

134

»Wenn du dich da nur nicht täuschst«, erwiderte die kluge Eule, »probier's doch einfach aus.«

Sehr vorsichtig, fast etwas zaghaft, setzte sich der Bär auf die Hängematte, legte sich auf die Seite und zog die Beine nach. Die Bäume ächzten und bogen sich unter dem Gewicht, aber die Hängematte hielt.

Dann kamen sieben Rehe, gaben der Hängematte mit dem Bären drin einen Schubs – und das war das Zeichen zum Aufbruch für die anderen Tiere. Die Füchse schlichen mit knurrenden Mägen davon, und die Hasen machten, daß sie in die andere Richtung davonkamen. Die Eule breitete ihre Flügel aus und flog in ihre Baumhöhle, um sich endlich zur Ruhe zu legen. Die Hirsche und Rehe sprangen in großen Sätzen ins Dickicht, und die Wildschweine machten sich auf, um mit ihren Rüsseln im Waldboden herumzuwühlen. Innerhalb weniger Minuten lag die Lichtung verlassen da. Nur der Bär schaukelte in seiner Hängematte, blinzelte in die Sonne und lauschte dem Gesang der Waldvögel. Er dachte noch: »Ich habe ganz vergessen, mich bei den Tieren zu bedanken!« Aber da war er auch schon eingeschlafen.

Der Brief mit dem schwarzen Rand

Es war ein Briefträger, der mußte einmal einen Brief mit einem schwarzen Rand austragen. Der Briefträger wußte, daß in so einem Brief mit schwarzem Rand etwas Trauriges steht, vielleicht daß ein Freund gestorben war. Diesen Brief sollte der Briefträger einem alten Mann hintragen, der schon sehr alt war und sehr allein. Der Briefträger wollte ihm den Brief erst gar nicht bringen, aber das mußte er doch. Und da setzte er sich hin und malte mit Buntstift eine Blume auf das Kuvert und dachte: Vielleicht tröstet das den alten Mann ein bißchen.

In dem Brief stand wirklich, daß dem alten Mann der Freund gestorben war, und der alte Mann wurde sehr traurig und weinte und schaute immerzu auf den Brief. Da sah er plötzlich die kleine Blume, die der Briefträger hingemalt hatte, und dachte: Wie kommt denn die da hin? Und wie er das dachte, fing die kleine Blume zu wachsen an und wurde so groß wie ein Gänseblümchen. Der alte Mann nahm einen Blumentopf und setzte die Blume ein und goß sie jeden Tag. Die Blume blühte und blühte, und der alte Mann wurde ein bißchen weniger traurig und ein bißchen weniger einsam. Eines Tages erzählte er dem Briefträger die Geschichte von der merkwürdigen Blume, und der Briefträger sagte: »Das hätte ich nicht gedacht.« Der alte Mann lud den Briefträger für Sonntag zum Kaffee ein, und sie spielten Karten und wurden Freunde, und die Blume stand am Fenster und nickte dazu.

FRIEDL HOFBAUER

LÖWE, GANS UND MAUS: FABELN

Liebe Eltern! Liebe Vorlesende!

Die ältesten Fabeln (und auch alle, die in diesem Kapitel neu erzählt werden) gehen zurück auf den Griechen Äsop, der im sechsten Jahrhundert vor Christus gelebt haben soll. Die Helden der Fabeln (häufig sind es Tiere) verkörpern jeweils eine bestimmte Eigenschaft, die wir Menschen nur zu gut an uns selbst kennen: den Geiz, die Schlauheit, die Ehrlichkeit, die Klugheit oder was auch immer.

Kinder lieben es, wenn die Folgen einer Handlung so klar zutage treten wie in einer Fabel. Sogar das kleine Leben unserer Kindergartenkinder und Schulanfänger ist häufig recht kompliziert. Oft sind Gründe und Motive für ein bestimmtes Verhalten schwer zu verstehen. Wie schön ist es dann, wenn die Konturen endlich einmal deutlich werden! Und die »Lehre«, die die Fabel vermitteln möchte, ist sogar für kleinere Kinder schon einsichtig.

Die Gans, die goldene Eier legte

Ein Mann und seine Frau kauften einmal eine Gans auf dem Markt. Als die Frau ihr am nächsten Morgen Futter in den Stall brachte, da sah sie, daß die Gans ein Ei aus purem Gold gelegt hatte! Die Frau traute ihren Augen nicht und lief zu ihrem Mann. Der untersuchte das Ei genau und sagte: »Wirklich, es ist aus Gold!« So ging es nun jeden Tag. Jeden Morgen hatte die Gans ein goldenes Ei gelegt, obwohl sie auch nichts anderes zu fressen bekam als andere Gänse.

Die Frau und der Mann waren sehr froh, denn sie waren arme Leute und brauchten sich nun keine Sorgen mehr um ihr Auskommen zu machen. Sie konnten das Dach ihres alten Häuschens erneuern, sich endlich feste Schuhe und einen warmen Mantel für den Winter kaufen und hatten jeden Tag genug zu essen! Was für ein Leben, endlich frei von Sorgen!

Aber nach einiger Zeit wurde die Frau unzufrieden. Sie wollte noch einen zweiten Mantel, nämlich aus Pelz, schöne Kleider und eine goldene Armbanduhr. Auch ihr Mann dachte sich: »In dieser alten Hütte halte ich es nicht mehr aus. Ich möchte ein großes Haus haben und einen neuen Wagen.«

Und sie sagten zueinander: »Wir hausen ja immer noch wie die armen Leute! Das Reichwerden geht zu langsam, wenn die Gans jeden Tag nur ein kleines Goldei legt.«

Sie dachten, die Gans habe in ihrem Bauch einen riesigen Goldklumpen, und sie wollten alles auf einmal haben und mit einem Schlag reiche Leute werden. Also schlachteten sie das arme Tier. Doch welcher Schreck, als sie sahen, daß die Gans innen genauso aussah wie jede andere Gans. Da war kein Goldklumpen, kein kleiner und schon gar kein großer.

Nun hatten sie keine Gans mehr, die goldene Eier legte. Übrig war nur ein neues Dach über dem Kopf, feste Schuhe und für jeden ein warmer Mantel für den Winter. Und die Erinnerung an die schöne Zeit, als sie sich keine Sorgen um ihr täglich Brot machen mußten.

Der Schatz im Weinberg

Es war einmal ein reicher Weinbauer, der hatte drei Söhne. Als der Bauer alt geworden war und fühlte, daß er bald sterben würde, rief er eines Tages seine Söhne zu sich und sprach: »Meine lieben Söhne, mein Leben geht nun zu Ende. Wir haben all die Jahre gut gelebt, wir sind reich geworden durch unsrer Hände Arbeit. Ich möchte meinen Reichtum an euch weitergeben, damit auch ihr ohne Sorgen alt werden könnt. Und deshalb habe ich meinen Schatz gut verwahrt. Grabt in unserem Weinberg, dann werdet ihr ihn finden.« Kurze Zeit darauf starb der alte Weinbauer.

Seine Söhne sagten zueinander: »Der Alte hat sein ganzes Geld im Weinberg vergraben. Wenn wir nur wüßten, wo! Kommt, laßt uns graben. Wenn wir den Schatz finden, sind wir auf einen Schlag reich, und die Schufterei hat ein Ende.«

Sie gruben und gruben, aber sie fanden nichts: keine Schatzkiste, auch kein Säcklein mit Gold, keine einzige Münze. Sie gruben weiter, bis ihnen der Schweiß in Strömen übers Gesicht lief. Am Abend beratschlagten sie sich: »Sollten wir nicht Tagelöhner nehmen und graben lassen?« schlug der eine vor.

»Bist du verrückt«, rief der andere. »Wenn fremde Leute unseren Schatz finden, werden wir vielleicht bestohlen.«

»Er hat recht«, sagte der dritte. »Wir müssen weitermachen und an jedem einzelnen Weinstock suchen.«

Das taten sie. Noch nie wurde die Erde auf diesem Weinberg so sorgfältig umgegraben. Einen Schatz fanden die drei jungen Männer nicht. Aber die Weinstöcke trugen Früchte, so reichlich wie nie zuvor. Die Bauern konnten ihren Wein verkaufen und verdienten viel Geld.

Da verstanden sie plötzlich, was ihr Vater gemeint hatte. Der Weinberg selbst war ihr Schatz! Von da an trugen sie Sorge, daß der Boden immer gut gepflegt wurde und die Weinstöcke gediehen. Sie erzielten jedes Jahr eine bessere Ernte und wurden reiche Leute. So waren sie ihr Leben lang ohne Sorgen – durch ihrer Hände Arbeit.

Wie die kleine Maus dem großen Löwen helfen konnte

Ein großer Löwe lag einmal satt und zufrieden in der Sonne und hielt Mittagsschlaf. Da kam ein kleines Mäuschen durchs hohe Steppengras getrippelt. Es dachte sich nichts dabei, als es dem Löwen über die Pfoten und sogar übers Gesicht lief. Davon wachte der Löwe aber auf, und er war sehr ergrimmt. Nichts nimmt ein Löwe mehr übel, als wenn man seinen Mittagsschlaf stört! Ärgerlich schlug er mit der Tatze nach der kleinen Maus. Die aber sprang behende zur Seite und rief: »Oh, entschuldige bitte, großer Löwe! Ich wollte dich nicht wecken! Bitte, tu mir nichts, vielleicht kann ich dir irgendwann einmal meine Dankbarkeit zeigen.« Da lachte der Löwe sein dröhnendes Löwenlachen und rief: »Du, kleine Maus, willst dich mir erkenntlich zeigen? Na, bilde dir nur nicht zuviel ein.« Aber er ließ die Maus laufen.

Nicht lange danach geriet der Löwe in ein Netz, das Jäger ausgelegt hatten. Er brüllte und tobte, aber all seine Kraft und seine Wut nützten ihm nichts – er verwickelte sich nur noch mehr in das Netz. Sein Brüllen aber hatte die Maus gehört. Eilends kam sie

herbei, und – unbemerkt von den Jägern – zernagte sie das Netz Masche um Masche. Schließlich war das Loch groß genug, daß der Löwe hinausschlüpfen und entkommen konnte.

»Siehst du nun«, wisperte die kleine Maus, und sie war ganz stolz. »Du hast mich ausgelacht, aber nun hatte ich die Gelegenheit, dir behilflich zu sein. Nun sind wir quitt!« Und sie verschwand rasch in einer Felsenspalte.

Der Fuchs und der Storch

Eines Tages trafen der Fuchs und der Storch beim Weiher zusammen. Der Fuchs war satt und zufrieden. Er erzählte dem Storch: »Heute gab es bei mir Haferbrei! Mhm, so köstlichen Haferbrei wie ich bringt kein anderer Koch zustande.«

»So, meinst du«, erwiderte der Storch und dachte sich: »So ein Angeber, der Fuchs!«

»Komm doch morgen abend, ich lade dich ein zum Haferbrei-Essen«, sagte der Fuchs. Und der Storch nahm die Einladung an.

Als er am nächsten Tag beim Fuchs erschien, hatte dieser wirklich Haferbrei gekocht, und er duftete köstlich.

Aber der Fuchs hatte den Brei auf flache Teller gegeben, und sosehr der Storch sich auch abmühte – mit seinem spitzen Schnabel konnte er immer nur ein kleines bißchen erwischen, während der Fuchs eine Portion nach der anderen verschlang und zum Schluß genüßlich seinen Teller ableckte.

Der geizige Fuchs hatte natürlich mit Absicht so flache Teller genommen. »Schmeckt dir mein Haferbrei nicht?« fragte er den Storch scheinheilig.

»Oh doch«, erwiderte der Storch höflich, »ich habe mir nur etwas den Magen verdorben.« Aber er dachte sich: »Na warte, das werde ich dir heimzahlen, du alter Geizkragen.« Und er lud den Fuchs für den nächsten Abend zum Essen ein.

Als der Fuchs beim Storch zu Hause erschien, duftete es schon köstlich nach Fischsuppe. »Mhm«, rief der Fuchs, »ich liebe Fischsuppe!«

»Dann nimm Platz und laß es dir schmecken«, sagte der Storch.

Er hatte aber den Tisch mit ganz hohen, schmalen Trinkgefäßen gedeckt, in die er Fischsuppe füllte. Und während der Storch mit seinem langen, spitzen Schnabel die Fischsuppe aus den Gefäßen sog, erwischte der Fuchs mit seiner Schnauze keinen Tropfen.

»Schmeckt es dir nicht?« fragte der Storch den Fuchs scheinheilig.

»Oh doch«, erwiderte der Fuchs höflich. Dann verabschiedete er sich rasch und schlich mit knurrendem Magen davon.

Der Fuchs und der Storch haben sich weiterhin gegrüßt, wenn sie sich trafen. Aber zum Essen eingeladen haben sie sich nie mehr wieder!

Die Stadtmaus und die Feldmaus

Eine Stadtmaus machte einst einen Ausflug aufs Land. Sie lief über Wiesen und Felder, atmete die frische Luft und genoß es, einmal so richtig herumlaufen zu können. Bald aber bekam sie Hunger. Auf der Suche nach etwas zum Fressen begegnete ihr eine Feldmaus. »Komm, ich lade dich zu mir ein«, sagte die Feldmaus.

Sie führte den vornehmen Besuch aus der Stadt in ihr kleines Mäuseloch und setzte ihr das Beste vor, was sie zu bieten hatte: Körner und frische Wurzeln. Die Stadtmaus kaute lustlos darauf herum und sagte schließlich: »Habt ihr auf dem Land nichts Besseres zu essen? Wie hart und trocken sind diese Körner, und an den Wurzeln klebt ja noch die Erde. Vielen Dank, liebe Feldmaus, es war freundlich von dir, mich einzuladen, aber dieses Zeug kann ich nicht essen. Komm doch heute mit mir in die Stadt, dann wirst du mal sehen, was richtig gutes Essen ist.«

Und die Feldmaus, die gerade nichts Besseres vorhatte, ging mit. Angekommen in dem großen Haus, in dem die Stadtmaus wohnte, führte sie ihren Gast sogleich in die Speisekammer. Die Feldmaus war ganz betört von den Düften: würziger Käse, saftiger Schinken, feines Brot – was gab es da nicht alles für Köstlichkeiten. Aber gerade als sie sich ans Fressen machen wollten, ging das Licht an, und die Köchin kam herein. Husch-husch war die Stadtmaus in ihrem Mäuseloch verschwunden, aber die Feldmaus, die nicht wußte wohin, konnte sich nur zitternd hinter einem Laib Brot verstecken. Zum Glück bemerkte die Köchin sie nicht.

Nachdem die Köchin gegangen war, wollten sich die beiden Mäuschen wieder über die Leckerbissen hermachen, als das Licht anging und ein Knecht hereinkam. Mit ihm huschte eine Katze herein, die sogleich die Mäuse roch. Die Stadtmaus flitzte – husch, husch – wieder in ihr Loch. Die Feldmaus hatte diesmal besser aufgepaßt und rannte ihr nach. Gerade noch entkam sie den Krallen der Katze. Als Knecht und Katze wieder verschwunden waren, trauten sich die beiden Mäuse wieder heraus. Gerade wollte sich die Feldmaus, der ganz jämmerlich der Magen knurrte, über ein Stück Speck hermachen, als die Stadtmaus rief: »Vorsicht, dieser Speck lockt dich in eine Mausefalle. Da darfst du nicht drangehen!«

Da hatte die Feldmaus endgültig genug. Der Appetit war ihr schlagartig vergangen. »Menschen, Katzen, Mausefallen«, rief sie, »das ist ja entsetzlich! Was nützen dir all diese Köstlichkeiten, wenn du dich ständig verstecken und immer Angst um dein Leben haben mußt? Oh nein, da ziehe ich das ruhige Leben auf meinen Feldern vor, auch wenn ich dort auf Käse und Speck verzichten muß.« Und bei der nächsten Gelegenheit huschte sie hinaus aus dem großen Stadthaus und lief, so schnell sie konnte, zurück auf die Felder.

Glück für den ehrlichen Holzfäller

Ein Waldarbeiter wollte einmal einen Baum an einem Fluß fällen. Dabei fiel ihm seine Axt ins tiefe Wasser. Welch ein Unglück! Nun konnte der Holzfäller nicht mehr weiterarbeiten, weil er sein wichtigstes Werkzeug verloren hatte.

Wie er so traurig dastand, da tauchte auf einmal ein Wassermann aus dem Fluß auf und hielt ihm eine goldene Axt hin.

»Gehört die dir?« fragte er.

»Ich habe zwar meine Axt verloren, aber diese ist es nicht«, antwortete der Holzfäller.

Da tauchte der Wassermann wieder unter und erschien nach einer Weile erneut. Diesmal zeigte er ihm eine Axt aus glänzendem Silber. »Auch diese ist nicht meine«, sagte der ehrliche Mann.

Wieder verschwand der Wassermann, und als er zum dritten Mal auftauchte, hielt er eine gewöhnliche Axt in der Hand.

»Das ist sie, oh, wie bin ich dir dankbar«, rief erfreut der Waldarbeiter. Der Wassermann aber schenkte dem Mann noch die silberne und die goldene Axt dazu. »Mir gefällt es, daß du so ehrlich bist«, sagte er.

Freudestrahlend lief der Mann nach Hause. Dort traf er die anderen Holzfäller und erzählte ihnen aufgeregt, welches Glück ihm widerfahren war. Seine Kollegen gratulierten und freuten sich mit ihm. Einer aber, der neidisch war, schlich sich heimlich davon und dachte: »Das kann ich auch haben!«

Er ging zum Fluß und tat so, als wollte er einen Baum fällen. Dabei stellte er sich mit Absicht so ungeschickt an, daß ihm seine Axt in den Fluß fiel. Laut jammernd lief er am Ufer auf und ab und rief: »Oh weh, oh weh, nun habe ich keine Axt mehr. Oh weh, oh weh!« Dabei starrte er in den rauschenden Fluß.

Und wirklich, nach kurzer Zeit tauchte der Wassermann auf. Er hielt eine goldene Axt in der Hand. Aber bevor der Wassermann noch etwas fragen konnte, brüllte der Holzfäller schon:

»Das ist meine Axt! Sie ist mir in den Fluß gefallen! Her damit!«

Aber er hatte sich zu früh gefreut. Mit glucksendem Lachen verschwand der Wassermann wieder in den Fluten, und der neidische Holzfäller hatte nun gar keine Axt mehr; keine gewöhnliche, keine silberne und erst recht keine goldene!

Als der Mond Kleider haben wollte

Einmal, als Sonne und Mond wieder gemeinsam am Himmel standen, beschwerte sich der Mond bei der Sonne. »Du hast so ein schönes, hell glänzendes Strahlenkleid. Die Tiere auf der Erde haben Kleider, schön gemusterte Pelze wie der Tiger oder der Leopard oder so prächtige Gewänder wie die Schmetterlinge. Und erst die Menschen – schau sie dir an! Sie haben Kleider für den Morgen, den Mittag und den Abend, sogar für die Nacht haben sie eigene Gewänder, obwohl sie doch da meistens schlafen. Nur ich, der Mond, ich habe überhaupt kein Kleid! Ganz kahl und bloß stehe ich am Himmel, die kleinen Sternenkinder könnten mich ja auslachen.«

»Das tun sie aber nicht, lieber Mond«, erwiderte begütigend die Sonne.

»Sie lieben dich so, wie du bist. Und auch die Menschen lieben dich. Und außerdem – wie solltest du ein Kleid haben? Du veränderst doch ständig deine Gestalt. Mal bist du rund und voll, dann wieder schmal wie eine Sichel. Manchmal bist du nur ein Schatten deiner selbst, und man kann dich nicht sehen, obwohl du doch da bist. Sei zufrieden, Mond, so wie du bist, ohne Kleid! Sieh dir die Sternenkinder an, die du beneidest. Von der Erde aus sehen sie mit ihren Strahlenkleidchen fast eins wie das andere aus. Du aber, du bist einzigartig am Nachthimmel, und du bist jeden Tag anders. Darum lieben dich die Menschen und die Tiere. Der Wolf heult durch die Nacht, wenn er dich sieht, die Nachtigall singt ihre schönsten Lieder, und die Menschen denken sich Gedichte über dich aus.« Da war der Mond zufrieden und beschwerte sich nie mehr, daß er keine Kleider hatte.

GESCHICHTEN VOM EINSCHLAFEN

Liebe Eltern! Liebe Vorlesende!

Leider gibt es immer wieder Phasen im Leben eines Kindes, in denen es nur schwer zur Nachtruhe finden kann oder in denen es vielleicht von schlimmen Träumen geplagt wird. Auch wenn Sie manchmal kurz davor sind, die Nerven zu verlieren, bedenken Sie bitte: Ihr Kind bleibt nicht wach, um Sie zu ärgern. Es hat für diesen Tag unter Umständen noch nicht genug Streicheleinheiten, genug persönliche Zuwendung erhalten, damit es den »Absprung« schafft. Auch Loslassen will gelernt sein. Überfordern Sie Ihr Kind an solchen Abenden nicht mit zuviel »Programm«. Ein ganz bestimmtes Lied, das Sie an jedem Abend singen, möglicherweise ein Gebet, und vielleicht auch die immer gleiche Lieblingsgeschichte setzen einen markanten Schlußpunkt unter den Tag.

Die folgenden Geschichten sind stille, freundliche Begleiter in eine geruhsame Nacht.

Die Schlafräuber

Kennt ihr die Schlafräuber? Das ist eine Bande bunter, frecher, fröhlicher, manchmal auch abscheulicher kleiner Wichte. Die schlüpfen durch das rechte Ohr hinein in den Kopf eines Kindes, toben dort herum, verkleiden sich mal so und mal so und wirbeln die Gedanken auf. Und das ist das Schlimme. Denn wenn ein Mensch sich schlafen legt, dann legen sich immer auch die Gedanken in seinem Kopf mit zur Ruhe. Die Gedanken schlafen gern Hand in Hand. Und weil auf diese Weise alle Gedanken miteinander verbunden sind, werden im Schlaf aus den Gedanken des Tages die Träume der Nacht. Normalerweise ist das so, wenn – ja, wenn eben nicht manchmal die Schlafräuber durchs rechte Ohr in den Kopf hineinschlüpfen und die Gedanken durcheinander wirbeln würden.

Es gibt ganz verschiedene Schlafräuber. Bei Felix war das zum Beispiel so: Er sollte bald in die erste Klasse kommen. Und am Vorabend des ersten Schultages, als Felix längst im Bett war, schlüpfte huschhusch, ein Schlafräuber mit Namen Aufregerich in Felix' rechtes Ohr. Drinnen im Kopf spielte er Fangen mit den Gedanken ans Klassenzimmer und mit den Gedanken an die Schulkameraden, verkleidete sich als Lehrer und stiftete ein heilloses Durcheinander. Und so war Felix viel zu aufgeregt, um einschlafen zu können.

Bei Lisa war es ganz anders. Bei ihr war ein Schlafräuber mit Namen Freudenreich in den Kopf geschlüpft. Lisa hatte am nächsten Tag Geburtstag, und so mußte sie die ganze Zeit an die Geschenke, das Kinderfest, die Geburtstagstorte und an die vielen Luftballons denken. Denn Freudenreich, der fröhlich-freche Schlafräuber, ließ ihren Gedanken keine Ruhe.

Wieder anders war es bei Florian. Sein Papa hat ihm nach dem Abendessen noch ein Kapitel aus einem spannenden Buch vorgelesen. Als nun der Schlafräuber Fürchtefix in sein Ohr geschlüpft war, da verkleidete er sich als der Bösewicht aus dem Buch und spazierte durch Florians Gedanken. Dann zog er sich Florians Kleider an und versteckte sich in einer Gedankenhöhle ganz tief hinten im Kopf. Fürchtefix ist wirklich einer von den ganz gemeinen Schlafräubern. Er ist ja nicht wirklich böse, aber er findet es lustig, wenn er kleine Jungs und Mädchen erschreckt. Da half nichts, Florian mußte raus aus dem Bett und noch mal lange mit seiner Mama und seinem Papa kuscheln.

Zum Glück verschwinden die Schlafräuber meist von selbst wieder, wenn sie genug herumgetobt haben. Da nehmen sie dann den Ausgang durchs linke Ohr.

Es gibt auch verschiedene Tricks, wie man sich die Schlafräuber vom Leibe halten kann, und die will ich euch verraten:

Entweder ihr haltet euch, sobald ihr im Bett seid, ganz fest das rechte Ohr zu. Dann kann kein Schlafräuber hinein.

Oder ihr singt mit Mama oder Papa zusammen ein Schlaflied. Das hilft. Denn wenn Musik erklingt, dann fassen sich die Gedanken des Tages ganz fest an den Händen, auch wenn sie sich noch nicht schlafen gelegt haben, und wenn sich alle an den Händen halten, dann kann kein Schlafräuber sie mehr durcheinander wirbeln.

Oder, das ist die dritte Möglichkeit, ihr wünscht euch den Sandmann herbei. Denn der Sandmann ist stärker als alle Schlafräuber zusammen. Aber das steht in einer anderen Geschichte.

»Ich zeige dir die Nacht«, sagte die Elfe

Eines Abends konnte Mariechen einfach nicht einschlafen. Ihre Mama hatte sie wie gewohnt zu Bett gebracht. Sie hatten zusammen ein Buch angeschaut. Sie hatten dem lieben Gott erzählt, was an diesem Tag besonders schön und was weniger schön gewesen war. Mama hatte ihr das Schlaflied vorgesungen. Und dann hatte Mama ihr einen Gute-Nacht-Kuß gegeben und gesagt: »Nun schlaf schön, Mariechen.« Dann hatte sie die Tür einen Spalt breit offen gelassen, damit Mariechen das Licht im Flur sehen konnte. Alles war so wie immer gewesen.

Aber Mariechen konnte und konnte nicht einschlafen. Sie drehte sich auf die linke Seite – sie drehte sich auf die rechte Seite. Sie steckte die Finger in die Ohren, dann hielt sie sich die Augen zu. Aber es nützte nichts. Schließlich knipste sie das Licht auf ihrem Nachttischchen an und wartete.

Da hörte sie plötzlich eine helle Stimme vom Fenstersims. »Was ist denn hier los? Warum ist heute noch das Licht an?« Mariechen sah genauer hin. Da war ein kleines Wesen, nicht größer als Mariechens kleiner Finger. Aber es sah aus wie ein richtiges Mädchen in einem weißen Hemd.

»Wer bist du?« fragte Mariechen.

»Ich bin eine Elfe, und ich heiße Leyla«, erwiderte das winzige Wesen.

»Was machst du hier?« fragte Mariechen weiter.

»Ich bin jeden Abend hier und sehe nach, ob du gut schläfst.«

»Wirklich?« fragte Mariechen ungläubig. »Aber ich habe dich noch nie bemerkt.«

»Natürlich nicht«, lachte Leyla, »normalerweise schläfst du ja auch. Was ist denn heute los mit dir?«

»Ich weiß es nicht«, seufzte Mariechen, »alle schlafen schon, bloß ich nicht.«

„Ach was", sagte Leyla, „soll ich dir mal zeigen, wie lebendig es in der Nacht zugeht?"

»Ja, gerne«, antwortete Mariechen ganz aufgeregt.

»Komm, streck mir deinen kleinen Finger entgegen«, forderte die Elfe sie auf.

Mariechen streckte ihren kleinen Finger aus, und die Elfe berührte ihn mit der Spitze ihres eigenen klitzeklitzekleinen Fingers. Und auf einmal wurde Mariechen so winzig wie die Elfe. Da standen sie nun zusammen auf dem Fensterbrett, Leyla in ihrem weißen Hemdchen und Mariechen in ihrem bunten Schlafanzug. Dann nahm Leyla Mariechen an der Hand, und zusammen schwebten sie durch das offene Fenster in die dunkle Nacht hinaus.

Zuerst begegneten sie den Fledermäusen. Die flatterten ganz schnell mit ihren Flügeln, aber es war kein Laut zu hören. »Was macht ihr denn hier?" wisperten sie. »Ihr gehört doch längst ins Bett!«

»Ich zeige meiner Freundin die Nacht«, erwiderte Leyla.

In einer Gartenlaube saßen noch ein paar Erwachsene im Kerzenschein beisammen und unterhielten sich angeregt. Unbemerkt landeten die beiden kleinen Mädchen auf dem Dach der Laube. Dort trafen sie auf die Nachtfalter, die immer wieder die Nähe des Lichts suchten.

»Was macht ihr denn hier?« fragten sie verwundert. »Es ist doch schon reichlich spät!«

»Ich zeige meiner Freundin die Nacht«, erwiderte Leyla.

Sie flogen weiter zu einem Obstbaumgarten und machten Rast auf einer Kirschblüte. Da hörten sie es unten am Boden schnüffeln und rascheln. »Sieh mal an, da ist ja Meister Stachelpelz, der Igel«, sagte Leyla. Der Igel bemerkte sie zunächst nicht, so beschäftigt war er, mit seinem spitzen Näschen im Laub herumzuwühlen. »Nanu, was macht ihr denn hier?« fragte er schließlich überrascht, als sich die beiden Mädchen vorsichtig auf seinem Stachelkleid niederließen und ihn freundlich anlachten. »Ich zeige meiner Freundin die Nacht«, sagte Leyla, und schon schwebten sie weiter.

Als sie über den Marktplatz flogen, sahen sie einen Mann in einer blauen Uniform, der mit einem großen Schlüsselbund rasselte.

»Das ist der Nachtwächter Bertram«, flüsterte Leyla. »Komm, den wollen wir ein bißchen necken.« Und mit Mariechen an der Hand setzte sie sich auf Bertrams Uniformmütze und kitzelte ihn ein wenig an der Stirn, dann an der Schläfe und hinten im Genick. Der Nachtwächter brummte wie ein Bär und schimpfte: »Eine Plage ist das heute wieder mit den Mücken!«

Kichernd flogen die beiden federleichten Mädchen weiter. Und schließlich gelangten sie in den Wald. Dort begegneten sie der alten Eule. »Was macht ihr denn hier?« fragte die Eule mit ihrer tiefen Stimme.

»Ich zeige meiner Freundin die Nacht«, erwiderte Leyla.

»Und«, wandte sich die Eule nun an Mariechen, »wie gefällt dir die Nacht?«

»Oh, sehr gut, Frau Eule«, erwiderte Mariechen schüchtern, denn sie hatte ein wenig Angst. »Ich hätte nicht gedacht, daß es in der Nacht so lebendig zugeht. Ich meinte, ich wäre die einzige, die nicht einschlafen kann.«

»Nun, mein liebes Kind«, sagte die Eule ernst, »nun hast du erfahren, daß etliche Tiere und auch manche Menschen so spät noch unterwegs sind. Aber weißt du, alle, die du gesehen hast, schlafen morgen den ganzen Tag über. Die Fledermäuse hängen sich an die Dachbalken und lassen sich baumeln. Die Nachtfalter ziehen sich in ihre Felsenspalte zurück, sobald es hell wird. Der Igel rollt sich unter einem Laubhaufen zusammen und verschläft den ganzen Tag. Der Nachtwächter Bertram zieht die Vorhänge seines Schlafzimmerfensters ganz fest zu und schläft von früh bis spät. Und auch ich werde morgen meine Baumhöhle nicht verlassen, sondern schlafen, damit ich in der Nacht gut ausgeruht bin.«

Mariechen nickte.

»Und du, kleines Menschenkind«, fuhr die Eule fort, »mußt auch schlafen, und zwar in der Nacht. Denn du willst doch morgen in den Kindergarten gehen und nachmittags mit deiner Mama auf den Spielplatz?«

Mariechen nickte wieder.

»Also, Leyla, dann bring deine Freundin jetzt wieder nach Hause«, sagte die Eule zu der kleinen Elfe.

Da verabschiedeten sich Leyla und Mariechen höflich, faßten sich wieder an den Händen und machten sich auf den Rückweg.

Am Waldrand bemerkten sie ein Vogelnest hoch oben in den Zweigen einer Tanne. Da waren Vogelmama und Vogelpapa, und dicht um sie herum gedrängt waren vier ganz kleine Vogelkinder. Alle hatten sie die Köpfchen unter die Flügel gesteckt und schliefen ruhig.

Als Leyla und Mariechen wieder über den Marktplatz flogen, war von dem Nachtwächter nichts mehr zu sehen. Die beiden machten kurz Rast auf einem Fenstersims.

»Da drinnen schlafen Gabi und Monika, die Zwillinge«, wisperte Leyla. »Bei denen sehe ich auch jeden Abend nach, ob alles in Ordnung ist, genau wie bei dir.«

Neugierig spähte Mariechen durch das offene Fenster. Drinnen konnte sie im Dunkel zwei Betten erkennen, die nebeneinander standen. Zwei kleine Mädchen lagen darin. Das eine hielt einen Teddy im Arm, das andere hatte ein Ohr von seinem Stoffhasen in den Mund gesteckt und nuckelte daran. Beide schliefen tief und fest.

Im Obstbaumgarten, wo sie zuvor noch den Igel getroffen hatten, war es jetzt ganz ruhig. »Meister Stachelpelz ist ein richtiger Faulpelz«, erzählte Leyla. »Der hat sich bestimmt schon in seinen Laubhaufen hineingewühlt und verschläft die halbe Nacht!«

Schließlich kamen die beiden Mädchen wieder an der Gartenlaube vorbei. Die Erwachsenen, die dort noch beisammen gesessen hatten, löschten gerade die Kerzen. »Gute Nacht!« sagten die einen. »Schlaft gut!« erwiderten die anderen. »Morgen fängt der Tag früh an!«

Ohne Pause schwebten Leyla und Mariechen weiter. Und plötzlich mußte Mariechen herzhaft gähnen. »Na, du wirst jetzt sicher sehr gut schlafen«, lachte ihre neue Freundin. Und schon nach ein paar Minuten landeten die beiden winzigen Wesen direkt auf Mariechens Kopfkissen.

»Danke, Leyla«, sagte Mariechen, »das war wirklich ein schöner Ausflug mit dir.«

»Ja«, wisperte die Elfe, »mir hat es auch sehr gut gefallen. Aber die Eule hat schon recht, Menschenkinder müssen nachts schlafen. Also, gute Nacht, und träum was Schönes!«

Und kaum war Leyla durch das Fenster hinausgeflogen, da lag Mariechen wieder in voller Größe im Bett. Sie knipste das Licht aus, kuschelte sich in die Decke und war – mir nichts, dir nichts – eingeschlafen.

Zur blauen Stunde beim Schmetterlingsflieder

In einem Garten stand einmal ein Fliederbusch. Aber kein Frühlingsflieder, wie er weiß und violett im Monat März blüht, sondern ein Sommerflieder. Im März und April bekam er zarte grüne Blättchen, und erst im Sommer, wenn es richtig warm wurde, wuchsen ihm große Blütenstände in leuchtendem Lila, und sie verströmten einen herrlichen Duft. Dieser Sommerflieder war ein beliebter Treffpunkt für die Schmetterlinge aus der Gegend. Sie saugten den süßen Nektar aus den Blütenkelchen oder saßen einfach auf den Ästen und ließen sich vom lauen Wind hin und her schaukeln. Dort trafen sich der Kohlweißling und der Schwalbenschwanz, der Zitronenfalter und das Pfauenauge. Es gab keinen Streit, denn Platz und Nektar gab es genug für alle. Und immer war Zeit für eine angeregte Unterhaltung.

»Gestern bin ich abends noch hier herumflaniert, als ihr schon längst die Flügel hochgeklappt hattet«, erzählte ein munteres Schwalbenschwanz-Mädchen. »Und wißt ihr, was ich da gesehen habe?

Unzählig viele nachtgraue Flügelschwinger, die schwirrten immer in der Nähe der Gartenlaube da drüben herum, wo die Menschen noch bei Kerzenschein zusammensaßen. Seltsam, irgendwie waren sie uns ähnlich, aber doch ganz anders.« Da mischte sich ein alter Kohlweißling ein: »Ja, das sind die Nachtfalter, unsere Verwandten.« »Was?« rief ein Zitronenfalter erstaunt, «wir haben Verwandte, die wir gar nicht kennen?« »Nun ja«, sagte der alte Kohlweißling, »Nachtfalter fliegen eben in der Nacht und wir bei Tag, deshalb treffen wir uns eigentlich nie. Aber trotzdem gehören wir alle zur großen Familie der Schmetterlinge.« »Aber das ist doch schade«, mischte sich da das Schwalbenschwanz-Mädchen wieder ein, »ich würde unsere Verwandten gerne näher kennenlernen. Laßt uns doch alle zusammen ein Fest feiern. Ein Fest zur blauen Stunde, in der Dämmerung. Da ist es für uns noch ein wenig Tag, und für die Nachtfalter sieht es schon ein bißchen nächtlich aus. Gleich heute abend werde ich ihnen den Vorschlag machen.«

Alle stimmten dem Plan begeistert zu. Als Treffpunkt wurde der Fliederbusch gewählt, da mußten die Nachtfalter mit ihren schwachen Augen nur immer der Nase nach fliegen. Glühwürmchen wurden auch eingeladen, sie sorgten für eine dezente Beleuchtung. Die Grillen sollten mit ihrem Orchester Musik machen.

Endlich war der vereinbarte Abend gekommen. Die Tagfalter hatten ihre schönsten Gewänder an, und die Farben schimmerten in der blauen Stunde geheimnisvoll. Die Nachtfalter waren alle in vornehmen grauen und schwarzen Anzügen erschienen. Das war sehr praktisch, denn so wußte man immer gleich, ob man nun einen Tag- oder Nachtfalter vor sich hatte. Bald sah man kleine Grüppchen in angeregter Unterhaltung, Paare tanzten zur Musik der Grillen, andere ließen sich den köstlichen Pflanzensaft aus den Fliederblüten schmecken. Viel zu schnell war die blaue Stunde vorüber, und die ältesten Tagfalter mahnten zum Aufbruch. »Schade, daß das Fest schon wieder vorbei ist!« waren sich alle einig. Aber man wollte sich wieder treffen, beim nächsten Vollmond und bei schönem Wetter, zur blauen Stunde am Fliederbusch. Und in der Vorfreude darauf flogen die Tagfalter beschwingt zu ihrem Ruheplatz, um sich schlafen zu legen. Und alle, Kohlweißling und Schwalbenschwanz, Zitronenfalter und Pfauenauge, hatten in dieser Nacht die schönsten Träume.

Wo der Schlafvogel sein Nest hat

Martin kann eines Abends nicht einschlafen, nicht um alles in der Welt. Da sagt die Mutter:

»Da hilft nur der Schlafvogel, zu dem mußt du jetzt gehen. Wenn der Schlafvogel eine Feder auf dich fallen läßt, dann schläfst du gleich ein und wachst erst wieder auf, wenn du ausgeschlafen bist wie ein Igel im April.«

»Und wo ist der Schlafvogel?«

»Im Schlafvogelnest.«

»Und das Schlafvogelnest?«

»Auf dem Schlafbaum.«

»Und der Schlafbaum?«

»Im Schlafwald natürlich.«

»Und wie kommt man in den Schlafwald?« fragt Martin.

»Ganz einfach«, sagt die Mutter, »man findet ihn, wenn man die Augen zumacht.«

Da macht Martin die Augen sofort zu, und die Mutter sagt:

»Jetzt gehst du auf drei Bäume zu, die kleine Wolkenmützen aufhaben. Und wenn du weitergehst, dann siehst du noch mehr Wolkenmützenbäume, und schon bist du im Schlafwald. Im Schlafwald sind dreiundzwanzig Wege, und einer davon führt zum Schlafbaum.« »Und wie finde ich den Weg?« fragt Martin.

»Das ist gar nicht schwer«, sagt die Mutter, »weil der Schlafvogel Schlafvogelfedern verstreut hat, alle sieben Schritt eine Schlafvogelfeder. Du gehst von Feder zu Feder weiter und sammelst sie auf. Eine Feder, zwei Federn, drei Federn. Und zähl genau mit, weil du bei neunundneunzig Federn an den Schlafbaum kommst, und schon bist du bei dreiundneunzig, vierundneunzig, fünfundneunzig, sechsundneunzig, siebenundneunzig, achtundneunzig, neunund... da ist der Schlafbaum, auf dem der Schlafvogel sein Nest hat. Er läßt eine Feder auf dich fallen, und du merkst, wie sie sachte auf dich herabschwebt, und – schläfst du schon?« fragt die Mutter. Und geht leise fort, um Martin nicht zu wecken.

HANS BAUMANN

Träum schön

Wenn Johanna abends ins Bett geht, setzen sich Mama oder Papa zu ihr und erzählen ihr eine Geschichte. In der Geschichte kommt immer ein kleines Pferd vor. Es heißt Galoppla und kann wahnsinnig schnell laufen. Es hat eine so feine Nase, daß es sogar die duftende Weide auf der anderen Seite des großen, grünen Waldes riechen kann. Seine Ohren hören die Räuber in ihrer Räuberhöhle schnarchen und bemerken natürlich auch, wenn sie sich irgendwo anschleichen. Und sein Maul ist ganz weich und kann Zuckerstückchen so von der ausgestreckten Hand nehmen, daß es ganz leise kitzelt.

Das Pferd Galoppla erlebt allerhand in diesen Geschichten. Manchmal kommt es in Johannas Klassenzimmer gestürmt, wenn Johanna die Rechenhausaufgabe nicht gemacht hat, dann schwingt sich Johanna auf Galopplas Rücken und springt mit ihm durchs Fenster, noch bevor der Lehrer schimpfen kann. Und wenn Johanna im Turnunterricht wieder mal ausgelacht worden ist, dann kommt Galoppla abends und hilft Johanna beim Bockspringen, beim Völkerball und – wenn es sein muß – sogar beim Seilklettern.

Wenn die Geschichte aus ist, dann sagen Mama oder Papa immer: »So, Johanna, und jetzt steig auf Galopplas Rücken und reite mit ihm ins Traumland. Schlaf gut und träum schön!« Das Traumland ist aber so weit weg, daß Johanna sofort in einen tiefen, tiefen Schlaf fällt und sich am nächsten Morgen gar nicht mehr erinnern kann, was sie mit Galoppla zusammen dort erlebt hat.

Einmal aber – als sie krank war – hatte Johanna einen wirklich schlimmen Traum. Da träumte sie von einem Ungeheuer, das sie mit einem riesengroßen Fieberthermometer verfolgte, und Galoppla war weit und breit nicht zu sehen, nicht einmal, als sie laut um Hilfe schrie und aufwachte. Dafür war Mama plötzlich an ihrem Bett und streichelte sie. Johanna war noch ganz durcheinander und erzählte Mama von ihrem Traum.

»Ja«, sagte Mama, »ich weiß, warum Galoppla jetzt gerade nicht bei dir sein konnte. Es holt eine Medizin für dich, die aus ganz seltenen Kräutern gemacht wird. Galoppla mußte über sieben Berge und durch sieben Täler laufen, bis es zum Kräuterweibchen kam. Und das Kräuterweibchen mußte die richtige Medizin erst zubereiten und in ein kleines grünes Fläschchen füllen. Aber jetzt ist Galoppla schon wieder unterwegs zu dir, du weißt doch, wie schnell dein Pferdchen laufen kann.«

Mama ging kurz aus dem Zimmer und kam mit einem kleinen grünen Fläschchen zurück. »Sieh mal«, sagte sie, »so schnell ist das gegangen. Jetzt bekommst du einen Schluck.« Und die Medizin schmeckte süß und fast wie ein Lebkuchen an Weihnachten.

Dann sagte Mama: »Und jetzt steig auf, Galoppla wartet schon auf dich. Es möchte mit dir ins Traumland reiten. Schlaf gut und träum schön.«

Da drehte sich Johanna auf die Seite und machte die Augen zu. Sie spürte, wie Galoppla mit seinem weichen Maul an ihrem Ohr knabberte, sie hörte es leise mit den Füßen scharren, und schon waren die beiden ganz weit weg – im Traumland.

Der Schlumischubu

Gestern hatte Lena einen schlimmen Traum und traut sich deswegen heute nicht ins Bett. Sie hat Angst, der schlimme Traum könnte wiederkommen.

Papa setzt sich zu Lena ans Bett und versucht, ihr die Angst auszureden. Doch als er aus dem Zimmer geht, ist die Angst immer noch da.

Lena starrt an die Decke. Sie öffnet die Augen extra weit, um ja nicht einzuschlafen. Aber das ist ziemlich anstrengend. Und es dauert nicht lange, da kommt auch schon der Schlumischubu an Lenas Bett. Er hebt sie hoch und flüstert ihr ins Ohr: »Hab keine Angst, kleine Lena. Ich bringe dich jetzt ins Land der Träume.«

Der Schlumischubu ist ein unsichtbarer Riese. Er trägt alle Kinder, die Angst vor schlimmen Träumen haben, ins Land der Träume. Dort beschützt er diese Kinder und paßt auf, daß der schlimme Traum nicht wieder zu ihnen kommt. Der Schlumischubu ist so riesig, daß sich nicht einmal die allerschlimmsten Träume in seine Nähe trauen. Deswegen haben die Kinder nur schöne Träume, bis der Schlumischubu sie am Morgen wieder in ihr Bett legt.

»Ich wünsche dir einen schönen Tag«, flüstert er Lena ins Ohr. »Und wenn du mich brauchst, komme ich heute abend wieder.«

MANFRED MAI

Wo der Sandmann die Sandkörnchen findet

Einmal hatte das Sandmännchen großen Kummer. »Ich komme gar nicht mehr zur Ruhe«, sagte es zu den Tautröpfchen. »Es gibt immer mehr Kinder, die abends nicht einschlafen können. Die einen dürfen ganz spät noch fernsehen, die anderen haben Zank und Streit mit ihren Geschwistern, die nächsten haben ihre Hausaufgaben nicht gemacht. Wie soll da der Schlaf von selber kommen?« Das Sandmännchen seufzte. »Da kann wirklich nur noch ich helfen. Durchs offene Fenster werfe ich meine Sandkörnchen in ihre Äuglein, dann werden die Augenlider ganz schwer und müde, und die Augen fallen rasch von selber zu.«

»Wirklich?« sagten die Tautröpfchen bewundernd. »Durchs offene Fenster wirfst du mit deinen Körnchen?«

»Natürlich«, sagte das Sandmännchen, »ich habe das jahrelang geübt, ich treffe immer. Aber ich weiß schon nicht mehr, woher die vielen Sandkörnchen nehmen. Es muß ja ganz, ganz feiner Schlafäugleinsand sein, der den Kindern nicht weh tut.«

»Und wo gibt es Schlafäugleinsand?« fragten neugierig die Tautröpfchen.

»Ach, den gibt es hier und da«, sagte das Sandmännchen. »Zum Beispiel ganz unten in den Blütenkelchen von Glockenblumen. Oder auf den Flügeln von Schmetterlingen. Oder auf den Nasenhöckern von weißen Schwänen. Oder in Apfelbaumblüten. Oder unter der Rinde von hundertjährigen Eichen.«

»Ja wirklich?« staunten die Tautröpfchen.

»Es gibt genug Schlafäugleinsand für alle Kinder dieser Erde«, sagte das Sandmännchen. »Wenn mir nur jemand beim Sammeln helfen könnte!«

Die Tautröpfchen erzählten den Wolken von den Nöten des Sandmännchens. Die Wolken erzählten es dem Wind. Und der wußte Rat. Schlafäugleinsand gibt es nämlich auch in der Sandwüste, dort, wo weit und breit keine Menschenseele wohnt. Also reist der Wind jetzt manchmal in die große Wüste und macht dort einen Sandsturm. Dann werden die allerfeinsten Sandkörnchen hoch in die Luft gewirbelt und können mit dem Wind mitfliegen.

Dann muß das Sandmännchen nur noch in der verabredeten Nacht sein Sandsäcklein geöffnet auf den Boden legen, und am nächsten Morgen ist es voll mit reinem, weißem Schlafäugleinsand.

Jetzt wißt ihr, liebe Kinder, woher das Sandmännchen seinen Sand nimmt: von den Glockenblumen, den Schmetterlingen und Schwänen, den Apfelbaumblüten und von Eichenrinde. Und aus der großen, fernen Wüste. Und jetzt schlaft gut!

Über dieses Buch

DIE AUTORIN

Sabine Skudlik studierte deutsche Sprach- und Literaturwissenschaft sowie Psychologie. Nach Abschluss ihrer Promotion arbeitete sie als Lehrbeauftragte an der Universität und im Musikmanagement. Sie ist Mutter von drei Kindern und widmet sich heute nach einer längeren Familienpause vor allem ihrer Autorentätigkeit mit den Schwerpunkten Pädagogik, Musik und Gesundheit.

Mit »Die schönsten Gute-Nacht-Geschichten« ist Sabine Skudlik ein überzeugendes Debüt als Geschichtenerzählerin gelungen.

DIE ILLUSTRATORIN

Kirsten Straßmann studierte Kommunikationsdesign und arbeitete dann mehrere Jahre mit viel Kreativität und Erfolg in einer Werbeagentur: Ihre Arbeit wurde mit der Berliner Type gewürdigt – eine in Grafikerkreisen begehrte Auszeichnung. Als mittlerweile freiberufliche Grafikerin ist Kirsten Straßmann nicht nur weiterhin in der Werbebranche erfolgreich tätig, sondern illustriert und gestaltet auch Kinderbücher, aus denen ihre Fantasie, ihre Liebe zum Detail und viel Einfühlungsvermögen sprechen.

IMPRESSUM

Es ist nicht gestattet, Abbildungen und Texte dieses Buches zu digitalisieren, auf PCs oder CDs zu speichern oder auf PCs/Computern zu verändern oder einzeln oder zusammen mit anderen Bildvorlagen/Texten zu manipulieren, es sei denn mit schriftlicher Genehmigung des Verlages.

Weltbild Buchverlag
© 1998 Weltbild Verlag GmbH, Augsburg
Alle Rechte vorbehalten

Lektorat: Claudia Haimerl
Umschlag, Layout und DTP · Satz: Kirsten Straßmann
Reproduktion: Repro Ludwig, Zell am See (Österreich)
Druck und Bindung: Appl, Wemding
Gedruckt auf chlorfrei gebleichtem Papier

Printed in Germany

ISBN 3-89604-468-0

Quellennachweis

Die Rechte für die abgedruckten Geschichten liegen bei folgenden Autoren bzw. Verlagen, bei denen wir uns für die freundliche Erteilung der Abdruckgenehmigung bedanken. Alle nicht aufgeführten Texte wurden von der Autorin erstellt:

Seite 11 · *Gina Ruck-Pauquet*: Sandmännchens Geschichtenbuch. © by Ravensburger Buchverlag, Ravensburg 1966

Seite 13 · *Ingrid Uebe*: Gespenstergeschichten. © by 1993 Loewe Verlag GmbH, Bindlach,

Seite 21 · *Margret und Rolf Rettich*: Gesagt ist gesagt. © by Verlag Friedrich Oetinger, Hamburg 1981

Seite 23 · *Christine Nöstlinger · Jutta Bauer*: Ein und alles. © by 1992 Beltz Verlag, Weinheim und Basel, Programm Beltz & Gelberg, Weinheim

Seite 30 · *Gina Ruck-Pauquet*: Eine Badewanne voll Geschichten. © by Verlag Carl Ueberreuter, Wien

Seite 36 · *Margret und Rolf Rettich*: Gesagt ist gesagt. © by Verlag Friedrich Oetinger, Hamburg 1981

Seite 38 · *Gina Ruck-Pauquet*, Bad Tölz

Seite 44 · *James Krüss Erben*, Mailand

Seite 84 · *James Krüss*: Der Leuchtturm auf den Hummerklippen. © by Verlag Friedrich Oetinger, Hamburg

Seite 94 · *Jutta Richter*: Hexenwald und Zaubersocken. © by Verlag Friedrich Oetinger, Hamburg 1989

Seite 104 · *Tilde Michels*: Gustav Bär erzählt Gute-Nacht-Geschichten. © by Arena Verlag GmbH, Würzburg 1994

Seite 115 · *Paz Rodero · Jozef Wilkon*: Zwei Freunde (Bilderbuch). © by Bohem Press, Zürich 1995

Seite 121 · *Margret und Rolf Rettich*: Gesagt ist gesagt. © by Verlag Friedrich Oetinger, Hamburg 1981

Seite 127 · *Gina Ruck-Pauquet*: Sandmännchens Geschichtenbuch. © by Ravensburger Buchverlag, Ravensburg 1966

Seite 136 · *Friedl Hofbauer*, Wien

Seite 166 · *Hans Baumann*: Geschichten mit Pfiff. © by Deutscher Taschenbuch Verlag, München 1986

Seite 171 · *Manfred Mai*: 1-2-3 Minutengeschichten zum Kuscheln. © by Ravensburger Buchverlag 1997

Der Quellennachweis wurde von Autorin und Verlag nach bestem Wissen und Gewissen erstellt. Sollte dennoch ein Urheberrecht übersehen worden sein, so ist das ohne Absicht geschehen. Selbstverständlich ist der Verlag in diesem Fall zur Nachhonorierung bereit. Der Quellenvermerk wird in diesem Fall in der zweiten Auflage berücksichtigt.